了不起的

头脑体操

智力超越地球

〔日〕多湖辉 著 〔日〕水野良太郎 绘 安伊文 译

人民文学出版社
PEOPLE'S LITERATURE PUBLISHING HOUSE

著作权合同登记：图字 01-2022-5008 号

ATAMA NO TAISOU DAI 9 SHUU
BIKKURI CHIKYUU DAIBOUKEN

图书在版编目（CIP）数据

智力超越地球 / (日) 多湖辉著 ; (日) 水野良太郎绘 ; 安伊文译. -- 北京 : 人民文学出版社, 2023
（了不起的头脑体操）
ISBN 978-7-02-017631-1

Ⅰ. ①智… Ⅱ. ①多… ②水… ③安… Ⅲ. ①儿童故事－图画故事－日本－现代 Ⅳ. ①I313.85

中国版本图书馆CIP数据核字(2022)第224246号

责任编辑　卜艳冰　杨　芹
装帧设计　汪佳诗

出版发行　人民文学出版社
社　　址　北京市朝内大街166号
邮政编码　100705

印　　制　山东临沂新华印刷物流集团有限责任公司
经　　销　全国新华书店等

字　　数　87千字
开　　本　787毫米×1092毫米　1/32
印　　张　6.125
版　　次　2023年1月北京第1版
印　　次　2023年1月第1次印刷

书　　号　978-7-02-017631-1
定　　价　39.00元

如有印装质量问题，请与本社图书销售中心调换。电话：010-65233595

前　言

各位读者，“了不起的头脑体操”还在经常做吗？

回答“是”的人，每天都会有新的发现和惊喜，不断产生新的创意，不会感到无聊和厌倦。但是，如果你在想“最近有没有什么有意思的事情呀”，那就是稍稍有点儿训练不足，头脑开始僵硬的证据。当然，并不是要你每天都看“了不起的头脑体操”系列丛书。在每天的工作、学习、生活中，即使一天只发现一件“不可思议的事情”“令人感动的事情”，这也是“了不起的头脑体操”。

以“智力超越地球”作为本集标题的我，试图从身边发现不可思议的事情，并将它们作为素材收集起来。我希望大家在享受本书乐趣的同时，从明天开始，也能发现属于你自己的“了不起的头脑体操”。

最后，向在本书写作过程中给予我帮助和支持的小野寺绅氏致以诚挚的谢意。此外，在读者们的大量来信中提到的各种创意，也触发了我创作的灵感，在此一并感谢。

多湖辉

目　录

开幕词——智力超越地球 …… 1

1. 飞越丝绸之路 …… 7

2. 金字塔般的分析力 …… 33

3. 珠穆朗玛峰般的观察力 …… 57

4. 印加帝国般的直觉力 …… 83

5 . 亚马孙雨林般的推理力 …… 107

6. 万里长城般的持久力 …… 133

7. 仙女座般的独创力 …… 159

后记 头脑的处方笺 …… 183

开幕词——智力超越地球

超越时间、超越空间的想象，是谓何物？

首先，借助本次的标题，我想从写作本集的体验开始谈起。

在写作本书时，我有幸三次到访中国，亲身感受拥有几千年历史的大国之雄伟，并被誉满全球的中华料理的美味所折服。

在旅行中，让我留下最深刻印象的，是关于巨石之谜的话题。

那些巨石看起来有数十吨重。指着那些巨石，当地的导游向我们出了这样的谜题：

> 这些巨石，是在其他场所切割好以后再运到这里的。你们知道它们是怎么运过来的吗？

从那些巨石的大小来看，连卡车也无法运输。那么，有什么特别的机械吗？

在我细细揣摩之时，那个导游笑着告诉了我原委。

“在地面浇上水。夜里气温下降，水结成了冰，巨石就是通过在冰面滑行运过来的。”

原来是巨石的溜冰场啊！

虽惊讶于这个溜冰场之大，但不得不承认这真的是个很简单的办法。在惊叹古代人超越时间、超越空间的想象力之丰富的同时，我感觉自己也莫名地兴奋、高兴起来。

无疑，这个不可思议的巨石的话题，比旅行本身更让我感到快乐。

好奇心是人类的原动力

“古代世界七大奇迹”的话题，自古就有。

虽然有各种不同的说法，但被称为“古代世界七大奇迹”的，大致是指以下七个：①胡夫大金字塔、②巴比伦空中花园、③哈利卡纳索斯的摩索拉斯陵墓、④埃菲索斯的阿耳忒弥斯神殿、⑤罗德岛巨像、⑥奥林匹亚的宙斯像、⑦亚历山大灯塔。

但是，世界的奇迹何止七处？

地球上的奇迹，可以说是无限之多。

并且，那些奇迹并不一定只存在于某个地方，也不仅是以遗迹的形式留存下来。

稍稍改变一下视角，在我们的日常生活中，在我们想不到的地方，到处都能发现奇迹。

地球对于我们来说，就是个不可思议的空间，难道不是吗？

人类是具有好奇心的动物。不可思议的空间刺激了我们的好奇心，让我们得以成长。

即使是青史留名的伟人，他们的“惊世大发现”也不总是解难题的结果，归根到底还是好奇心罢了。

对于不明白的事情想搞明白，这种欲望促使了人类的进步与文明的发展。

“是什么？”“为什么？”用心感知现代生活

小孩子经常会连续发问“这是什么？”“为什么？”这是因为在小孩子的眼里，眼睛所及的任何事物都是不可思议的，而他们恰能发现这些谜一般的存在。

小孩子对于自己看到的东西觉得不可思议时，他们会思考，然后试图得出自己的答案。

在知识面上无论如何不及大人的小孩子们，这时往往能寻找到连大人们都想不到的答案。

小孩子看到刺眼的阳光，他们会这么说：

“你知道为什么太阳只在白天出来吗？因为晚上要睡觉呀。因为太阳要好好睡觉，所以月光才不那么刺眼呢。”

但是，随着年龄的增长，“为什么”“是什么”会越来越少，这是因为不可思议的谜团对于他们来说减少了吗？

并非如此。人随着年龄越来越大，尽管还是什么都不懂，但是感觉上就像什么都懂了似的。那是因为人们被常识的桎梏所束缚而放弃了思考。

逐渐丧失了思考习惯的大脑，要想变得柔软及富有创造性，就必须进行大剂量的训练。

“思考力”的威力之大，在以往的任何一个时代都没有现代这么突出。现代社会的信息泛滥，而且这些信息对于商界精英、学生、家庭主妇、男性、女性、大人、孩子来说区别都不大。从这些信息中，有汲取自己所需的鉴别力，并有处理、应用这些信息的思考力，比以往任何时候都显得更重要。

那么现在，就来检验一下你的不可思议的鉴别力和思考力吧。

【例题】标牌上显示，B 地点在现在位置的西面，C 地点在现在位置的东面。但实际上，B 地点在现在位置的南面，而 C 地点在现在位置的北面。这是怎么回事？

这是本书第 161 页的问题。10 秒之内想不出答案的人，不用急着看答案，先把这道题留着吧。

那么，对于充满灵光的头脑，如何让它继续保持这种状态呢？始终保持如孩童般的好奇心很重要。

虽然有“感情”“右脑”之类的词汇，但完全没有必要刻意去想着它们。保持孩童时代谁都不缺的“好奇心”，保持常问“为什么”“是什么”的精神，应该就能达到目的了。

唤醒沉睡中的大脑

据说，人类有一百四十亿个的脑细胞，而其中被使用的部分仅为百分之三。如果用旺盛的好奇心来刺激剩余的部分，让它们活跃起来的话，大脑会比地球还要大。而现在，那么大的能量就这么被隐藏起来了。

成为大人之后丢失的“为什么”“是什么”，通过回忆来唤醒它们，从而激活大脑中那97%处于沉睡中的脑细胞。

那么，就从现在开始刺激你好奇心的大冒险吧。希望你脑力全开，超越时间，超越空间，来挑战这个不可思议的世界。

为此，本书准备了七大不可思议的冒险。

此外，作为首次尝试，在每一道题之后添加了难度打分。通过打分一览表，你可以知道自己大脑的弱点在哪儿，有的放矢地进行强化训练。

期待在这次冒险结束的时候，你那沉睡的97%的脑细胞能被唤醒，从此插上自由想象的翅膀，翱翔在宇宙之中。

1. 飞越丝绸之路

地球大冒险开始了！

第一个目的地是丝绸之路。东方文明和西方文明在亚洲这片宽广的沙漠中交汇。现在被我们津津乐道的文明，是当初丝绸之路上的人们用汗水和生命换来的，这样说也不为过吧。

在那个时代没有飞机，没有汽车，甚至连自行车也没有，人们到底是出于什么样的想法，开始他们的旅行的呢？

驻足于沙漠的中央，周围什么都没有，连生命都受到威胁的时候，人们到底在想什么？在这样的条件下，好奇心比知识更重要，不按常理出牌的奇思妙想比常识更有用。

让我们的大脑也具备飞越丝绸之路般的活力吧！

问题

如图，这里有两个用塑料做成的数字。使用这两个数字组成的最小的数字是多少？

答案

如图所示。把“0”竖起来是本题的点睛之笔。

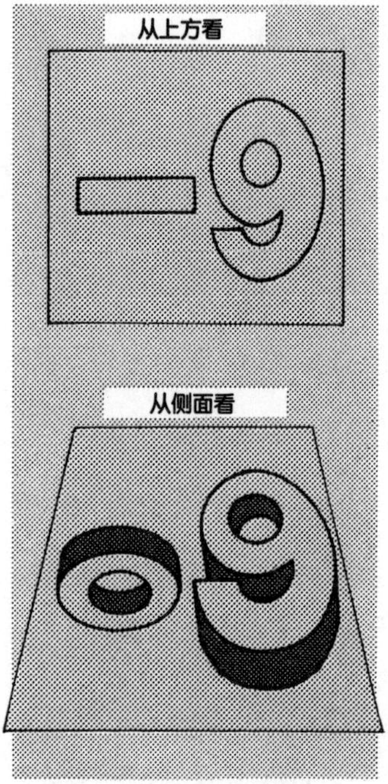

<头脑打分·得点数>

观察力度★★★★　　持久力度★★
直觉力度★★　　思维跳跃力度★★★★★
分析力度★★★　　独创力度★★
推理力度★★★

为什么是塑料做的？从这里去解读出题者的意图，是解开本题的捷径。这样的“立体思考”，对于喜欢“了不起的头脑体操”的读者来说，应该是很擅长的。

问题

泰格教授从医院取回了十粒胶囊。从今天开始，每天吃一粒。它们看上去是同样颜色、同样形状的，但其实每一粒的成分都不同，每一天吃哪一粒有严格的规定，不能搞错。因此，泰格教授决定在胶囊上标记数字，从1开始，他需要标记多少个数字呢?

答案

首先，今天的胶囊已经吃掉了；从第二天的开始标记，一直到第九天的，第十天的胶囊不用标记也能区分，所以标记八个数字就够了。

<头脑打分·得点数>

观察力度★★　　持久力度★★★★

直觉力度★★★　　思维跳跃力度★★★

分析力度★★★　　独创力度★★

推理力度★★★★

这道题有两个容易掉入的陷阱。回答“九个”的人还是有所忽略，结论做得太匆忙。希望今后考虑问题能够更充分一些。

问题

葛拉扬先生在儿子生日那天送了一把吉他作为他的生日礼物。儿子在乐器演奏上有极高的天赋。眼看着他的吉他越弹越好，父亲却突然把吉他拿走，换了一把口琴给他。儿子问他这是为什么，葛拉扬先生回答："实在受不了那么难听的声音。"这究竟是怎么回事呢?

答案

葛拉扬先生的儿子在乐器演奏上有过人的天赋，但歌声实在是太难听了。弹吉他的同时他还在唱歌，但是吹口琴的话，他就没办法同时唱歌了。

＜头脑打分・得点数＞

观察力度★★★　　持久力度★★
直觉力度★★　　思维跳跃力度★★★★
分析力度★★★　　独创力度★★
推理力度★★★★★

推理是王道。站在不同的立场，就会得出不同的结论。在头脑中不断转换角度，从不同的视点去思考，答案自然而然地就出来了。

问题

瓶子里有未知生物 X 一只和 Y 生物 20 只用来观察。在一分钟内，X 吃掉了一只 Y，在接下来的一瞬间，X、Y 各自分裂，数量为原来的两倍。请问，在几分钟后 Y 会被全部吃掉？

答案

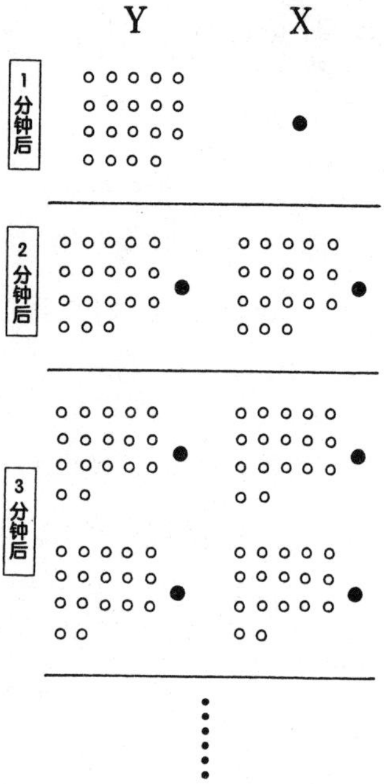

20分钟后。因为双方是以同样的速度分裂的，所以只需要考虑一只X吃掉一只Y需要一分钟就可以。

<头脑打分・得点数>

观察力度★★★★
直觉力度★★★★★
分析力度★★★
推理力度★★★
持久力度★★
思维跳跃力度★★★
独创力度★

这应该是在十秒以内就能答上来的吧。但是，希望不要只凭直觉，至少画个图来印证一下直觉的判断是否准确。经常做这样的训练，你获取信息和线索的直觉就会愈加敏锐。

问题

铃木家厕所的墙上，挂着一本写有各种谚语的挂历。铃木家有一对双胞胎兄妹，哥哥每次谚语考试的时候几乎都能得高分，妹妹也考同样的考卷，却成绩不佳。这是为什么呢？当然，他们家只有一个厕所。

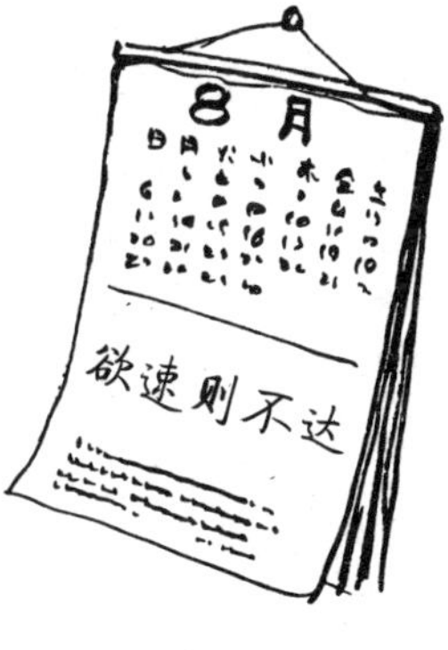

答案

挂历如图挂在铃木家的厕所里。

<头脑打分·得点数>

观察力度★★★★★　　持久力度★
直觉力度★★★★　　思维跳跃力度★★
分析力度★★★　　独创力度★★★
推理力度★★★

习惯性的行为，反而会出现思维的盲点。这个问题就很典型。稍稍改变一下视角，就能在日常生活中发现很多新的点子。

问题

如图所示的两个壶，摆放在桌上，从上部往里灌水。A和B哪一个可以装进更多的水？两个壶的底面积和高度都相同。

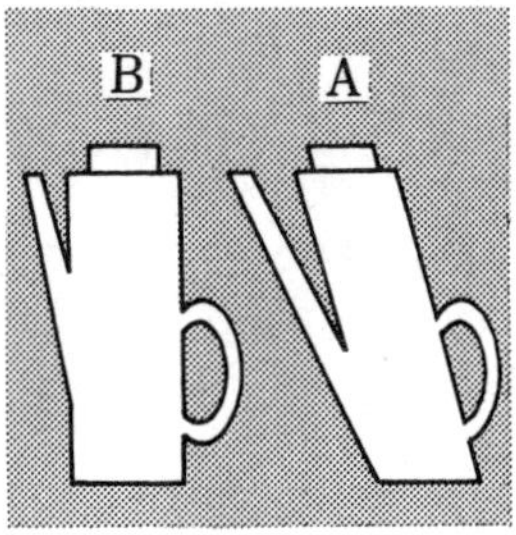

答案

B。因为A壶中的水还没等灌满，壶身就倒了。

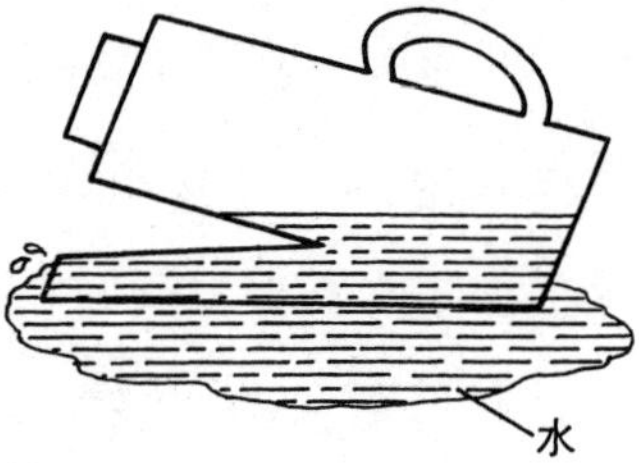

<头脑打分·得点数>

观察力度★★★★　持久力度★★

直觉力度★★★★　思维跳跃力度★★

分析力度★★★★　独创力度★★

推理力度★★★

只顾观察壶嘴长度的话，就难以发现本质。从问题中的图，应该可以想象现实中的壶是什么样的吧。这道题训练在头脑中勾画虚拟景象的能力。

问题

某公司的老板，在二百人的员工大会上说了这样的话："今天，我把我的发言稿发给大家。我最想说的话，已经用红色线标注出来了。大家看到了没有？"可是，所有员工都一脸问号，不知所措地面面相觑。请问这是为什么？

答案

老板的发言稿是复印后发给大家的，而复印机是单色复印。因此，虽说原稿上有红色的标注，但是复印后就看不出了。

<头脑打分·得点数>

观察力度★★★★★ 持久力度★★

直觉力度★★★ 思维跳跃力度★★★

分析力度★★ 独创力度★★

推理力度★★★★

以前有过一个新闻，说有个人在看黑白电视时，听到播音员说“这个蓝色的部分……”非常生气，他打电话去电视台投诉这位播音员把白色说成了蓝色。这一题是同样的情况，有类似经验的人马上就能明白。

问题

纯一君养了十头牛。这十头牛的体形、花纹几乎一模一样，很难区分。为了能将它们区分开来，他决定在牛身上烙个记号。他有 0 ~ 9 共十个烙铁，请问最少需要用几个，才能把十头牛区分开？

答案

一个。只要烙的位置、角度不同，即使只用一个数字也能把所有的牛区分开来。

<头脑打分·得点数>

观察力度★★★　　持久力度★★
直觉力度★★★　　思维跳跃力度★★★★
分析力度★★　　独创力度★★★★★
推理力度★★

认为答案和前面泰格教授的胶囊一题基本一致的人，太容易惯性思维了，这样的脑筋容易生锈。要经常尝试更换角度思考，别给自己偷懒的机会。

问题

这里有一个2g的砝码和一架天平。现在要从21g药品中取出7.5g，请问最少需要称几次？

答案

两次（如图）。

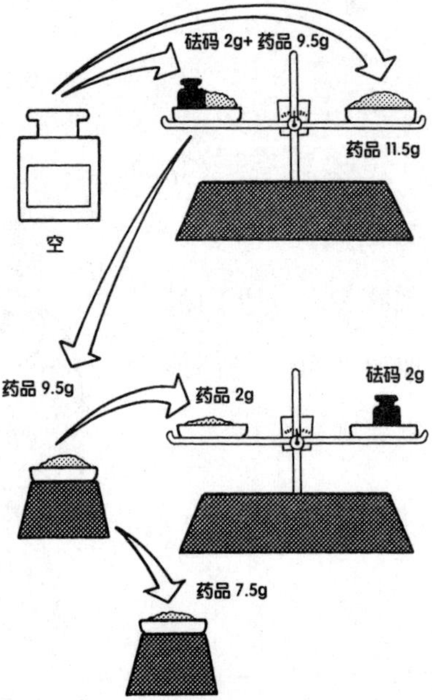

＜头脑打分·得点数＞

观察力度★★★　　持久力度★★★★★
直觉力度★★　　思维跳跃力度★★
分析力度★★★★　　独创力度★★
推理力度★★★

首先，要舍弃“砝码”这个固定的观念。需要用砝码称量的物体，也可以成为砝码。同样的东西根据使用方式的不同，起到的作用也不同。不要被固有思维所束缚。

问题

优米小姐把一张折叠好的便笺纸，递给她的男朋友友治。友治的朋友广司眼疾手快地抢过便笺纸。“是约会吧？！”他边说，边把便笺纸拆开，里里外外看了个遍，可上面什么都没写。这时，友治却说：“知道了，我等你！”这样的事情发生了好几次，每次都是同样的便笺纸，每次都是什么都没写。请问这到底是怎么回事呢？

答案

优米小姐和友治把便笺纸用不同的方法折叠，不同的折叠法代表不同的信息。

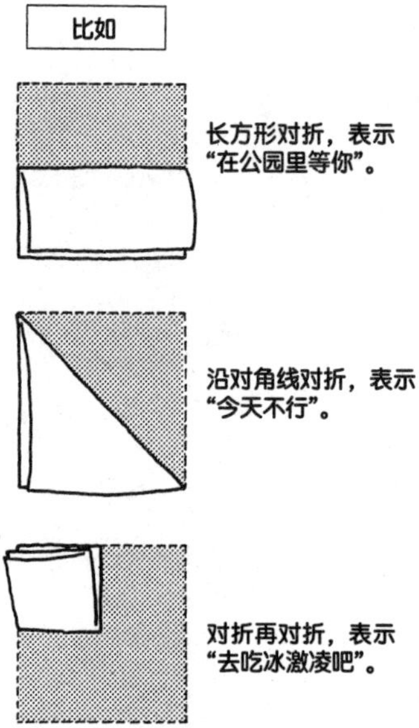

<头脑打分·得点数>

观察力度★★★　　持久力度★★

直觉力度★★★　　思维跳跃力度★★

分析力度★★★　　独创力度★★★★

推理力度★★★★

两个人之间不写字、不说话的沟通方式还有很多种呢，这只是其中一种。

问题

王子带着那只被遗落的水晶鞋，来寻找昨夜舞会上心爱的姑娘。根据水晶鞋的尺寸，村子里有三位姑娘的脚是吻合的。于是王子命令道：“我想知道昨天是谁把这只水晶鞋遗落在会场里的。请你们伸出一只脚。”王子都不需要她们来试穿一下那只鞋，就已经找到了鞋子的主人。请问他是怎么知道的？

答案

三个人中只有一个人伸出的脚，与遗落的那只水晶鞋是同一侧。因为只有丢失水晶鞋的那个人，才知道她丢失的是哪一只。

<头脑打分·得点数>

观察力度★★★★　　持久力度★★

直觉力度★★　　思维跳跃力度★★

分析力度★★★★　　独创力度★★

推理力度★★★★★

有目的的女性和没有目的的女性，她们的区别在哪里？不要以第三者的立场来思考，而是试着以当事者王子的立场，去重现一下当时的情景吧。

丝绸之路的休息室

问题

海恩纳博士发明了一台降雨机，他背着机器往山顶走去。可是看到他的人都说："看上去博士好像对他的发明没有绝对的自信呢。"请问，这是为什么？

丝绸之路的休息室

答案

因为海恩纳博士连伞都没有带。

2. 金字塔般的分析力

体验了丝绸之路后，我想带大家一起去解开金字塔之谜。

当然，无论是我还是你们，既不是学者也不是专业人士，现在也不能立即飞到埃及。

四五千年的漫长岁月，金字塔超越了时间而屹立不倒。建造金字塔的古埃及人拥有的伟大设想如何能为我们所用，是本章节的重点。

金字塔不可思议的地方太多了。比如，为什么塔身是三角形？那么巨大的石块究竟是怎么运送上去的？为什么金字塔内的尸体可以不腐？本章节需要用到的，正是这种朴素的质疑能力和分析力。别慌！一起来挑战一下吧。

问？题

独居的远藤君离家三天后回到家里，发现电子钟的指针快了 5 分钟。这个电子钟是插电源的，走得非常精准，一年的误差不会超过 1 秒。这究竟是怎么回事呢？当然，没有人动过这个电子钟。

答案

因为在他回家的 11 个小时 55 分钟前停电了。

<头脑打分·得点数>

观察力度★★★★　　持久力度★★
直觉力度★★★　　思维跳跃力度★★
分析力度★★★　　独创力度★★
推理力度★★★★★

如果是慢 5 分钟的话，马上就会想到是停电的原因吧。但是快了 5 分钟，很自然地想怎么可能是停电呢。这才是这题的陷阱。

问题

一个网球一不小心掉进了洞里，这个洞的直径大约 20 厘米，洞的形状不规则并且有弯道，直接取出来不太可能。并且，土地是坚硬的黏土，无法把地掘开拿球。平时经常用“了不起的头脑体操”来锻炼头脑柔软性的康之君，想到了将水灌入洞里取出网球的办法。他成功了！但是，如果掉进洞里的不是网球，而是一个铅球的话，用类似的办法能够将它取出来吗？

答案

可以。用比重比铅大的液体——水银灌入洞中，铅球就会浮上来。

< 头脑打分·得点数 >

观察力度★★★　　持久力度★★

直觉力度★★★　　思维跳跃力度★★

分析力度★★★★★　　独创力度★★

推理力度★★★★

不借助其他装置而采用同样的方法解决是本题的难点。平时想不到的事情，调动你的想象力，就能发现不一样的可能性哦。

问题

这是一支2厘米粗的毛笔。用这支笔能不能画出一个边长2厘米以下的正方形？

答案

可以。空白处的正方形。

<头脑打分·得点数>

观察力度★★★　持久力度★★

直觉力度★★★★　思维跳跃力度★★★★★

分析力度★★　独创力度★★★

推理力度★★

遇到困难时不要一味迎难而上，可以试着逆向思考。本题就是运用这种“逆向思考”的能力，瞬间就解决难题了。

问题

公元 ××××年，正志君乘坐刚刚投入实际运营的时光机，来到了过去。不知道为什么，这时的人们处于一片混乱中。于是正志君问身边的人：“发生什么事了吗？”那个人回答：“第一次世界大战爆发了。”这回答听上去有点儿奇怪，这样的事情可能吗？

答案

可能。战争发生之初，当时的人们当然不可能知道那就是“第一次世界大战”。但是回答的人和正志君一样，也是乘坐时光机从未来穿越来的，那么这样的回答是可能的。

< 头脑打分・得点数 >

观察力度★★　　持久力度★★
直觉力度★★★　　思维跳跃力度★★★
分析力度★★★★★　　独创力度★★
推理力度★★★★

主人公的立场是本题的线索。但仅站在主人公的立场去思考还不够，从主人公的立场扩大到其他人的立场，问题就迎刃而解了。

问题

Z君乘坐的电车以时速36千米（10米／秒）的速度行驶。当这辆电车通过一个小站时，Z君从站台一端到达另一端的时间为20秒，而站台的长度为100米。如果这是真的，到底发生了什么？

答案

因为这20秒内，在电车里的Z君向后移动了100米。电车以10米／秒的速度移动，如果Z君在电车里不动的话，从总长100米的站台一端到另一端，应该是10秒。但是他花了20秒，所以只能是他在这20秒的时间里反向移动了100米。

<头脑打分・得点数>

观察力度★★★	持久力度★★
直觉力度★★	思维跳跃力度★★★★★
分析力度★★★★	独创力度★★★
推理力度★★	

如过只是计算的话，这道题无论如何也得不出答案。不要只注意电车在移动，如果考虑到Z君做了什么，这题就不难计算出来了。

问？题

桑德先生特别喜欢用一个三分钟计时的沙漏，每天早上刷牙的时候都要用它来计时。某一天，桑德先生因为工作关系要出差一周。“没法用那个沙漏了，真遗憾。”他嘟囔着。沙漏很小，也不重，为什么他要这么说呢？

答案

桑德先生是宇航员，他要去出差的地点是无重力的宇宙，所以沙漏无法使用。

<头脑打分·得点数>

观察力度★★　持久力度★

直觉力度★★★★　思维跳跃力度★★★★★

分析力度★★★　独创力度★★

推理力度★★★★

过于拘泥于词汇本身，就容易忽视事物的本质。不要被“沙漏”“刷牙”等常见的词汇束缚住思维，才能自由地发挥想象。

问题

小百合高度近视。但是今天的视力检查她信心满满，觉得自己的左右眼都能达到 2.0，因为她把视力检查时要用的视力表背了下来。但是开始检查视力时，她发现自己犯了一个很大的错误，请问这个很大的错误是什么？当然，视力表没有变化。

答案

小百合看不清指示棒点在哪里。

< 头脑打分・得点数 >

观察力度★★★★★　　持久力度★

直觉力度★★★★　　思维跳跃力度★★

分析力度★★★　　独创力度★★

推理力度★★★★

很认真地做了准备，却因为一点小小的考虑不周而前功尽弃，这种情况很多人都遇到过吧，尤其是在考试复习时。勇往直前很重要，但花点时间把事情考虑周全也很重要。

问题

山崎君开了一家酒吧，取名为“Excite Punch”。他预定了一块大大的广告牌，上面显示的是酒吧名字的打头字母。几天后，两块同样大小、同样形状的牌子到了，但是拼装之后却很奇怪。“拼出来是L、F、D，你们确定没有搞错?”山崎君很生气。请问这是怎么回事?

答案

没有错，是山崎君的拼装方法错了。

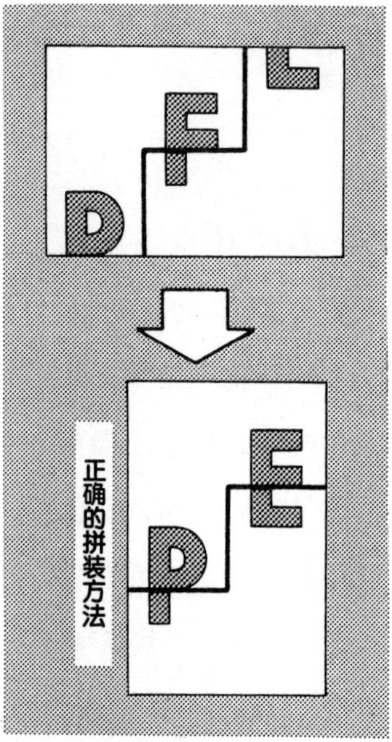

<头脑打分·得点数>

观察力度★★★★　　持久力度★★★★
直觉力度★★　　思维跳跃力度★★★
分析力度★★★★　　独创力度★★
推理力度★★

这是一道需要用拼图来思考的题。看了答案恍然大悟，但是在看答案之前，自己需要多思考。为了培养丰富的想象力，坚持脑力训练也是不可或缺的。

问题

公元 ××××年，某国发明了一种金属造桥法，无论修建多长的桥都绝对不会断裂。为了纪念这一发明，国王下令在 A、B 两地修建一座高十米的笔直桥梁。A、B 两地是大平原，连高度一米以上的障碍物都没有。可是几天后，桥梁建造工人却不得不挖掘大平原的地面。你能解释一下这种不可理解的行为吗？

答案

因为地球是一个球体，当 A、B 间的距离过长时，如果联结 A、B 的桥梁要保持笔直的话，那就得把桥建在地下。

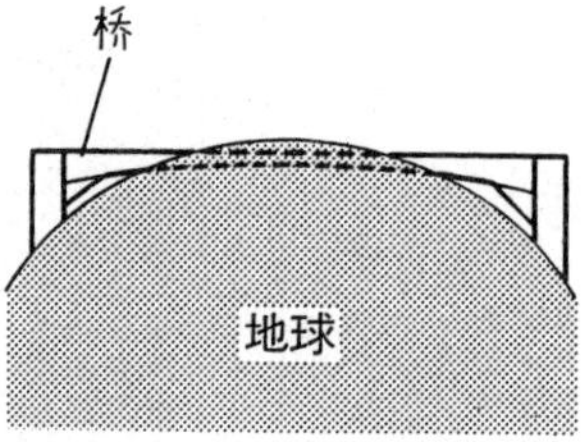

＜头脑打分・得点数＞

观察力度★★　　持久力度★★
直觉力度★★　　思维跳跃力度★★★★★
分析力度★★★★　　独创力度★★★★
推理力度★★

敢于挑战固有观念，是保持头脑健康的良方。在这道题中，能否质疑“桥的一般长度”这一固有观念，是解题的关键。

问题

加藤先生决定建造一栋房子，他一边看房子的设计图（下图），一边嘴里嘟嘟囔囔地发牢骚。他想在房子外围砌一堵高一米的混凝土墙，但是因为设计师的失误，图纸上只标出了部分长度，无法计算出房子外围的周长。但是，儿子大祐君用很简单的方法就计算出来了。他是怎么计算的呢？你也试着算算看吧。

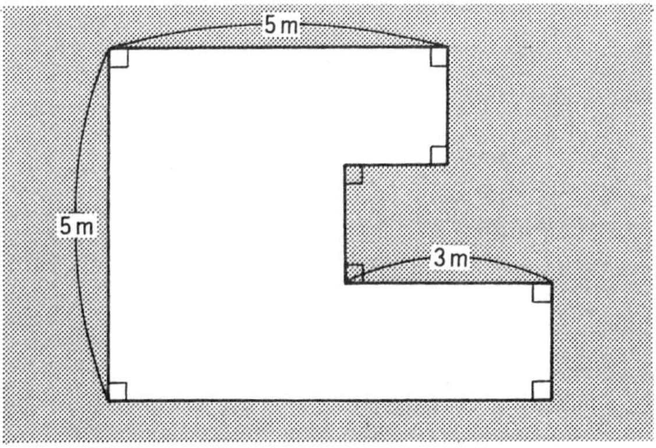

答案

如图的方式计算。房子外围的周长为26米。

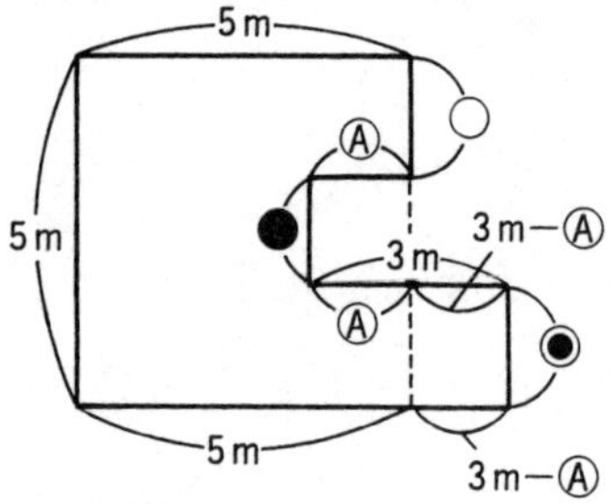

纵向的部分

○＋●＋◉＝5m

5m＋○＋●＋◉＝10m

横向的部分

5m＋Ⓐ＋3m＋3m－Ⓐ＋5m

＝16m

<u>合计26m</u>

＜头脑打分·得点数＞

观察力度★★★　　持久力度★★★★★

直觉力度★★★★　　思维跳跃力度★★

分析力度★★★　　独创力度★★

推理力度★★

天才看一眼就懂，学霸计算一下就能得出结论，凡人看到答案恍然大悟，糊涂蛋直到现在都不明白。你是哪一种？

金字塔的休息室

问题

下面两组数字中，在什么情况下，上半段的数字比下半段的数字大？

150000000

320000000

丝绸之路的休息室

答案

棒球的记分板。

	1	2	3	4	5	6	7	8	9
A队	1	5	0	0	0	0	0	0	0
B队	3	2	0	0	0	0	0	0	0

3. 珠穆朗玛峰般的观察力

观察力敏锐的人，头脑也是柔软的。对于同一个事物，他们懂得从不同的视角去观察。

世界最高峰——珠穆朗玛峰海拔约 8850 米，是世界的最高点。但是，如果把视点移到宇宙中，即使是珠穆朗玛峰，也不过是地球上的一个突起罢了。

遇到大的问题时，如果只是一味地苦思冥想，是不会有进展的。但是，稍稍变换一下视角，问题可能迎刃而解，而且解决问题的办法可能意外的简单。

山上的天气变化多端，所以准备工作要慎重，装备尽可能轻便。还有，最不可缺少的是冷静的观察力。尽量不犯错误，来挑战吧!

问题

中村君和武田君都是中学生。有一天，武田君到中村君家做客。中村君说：“我在抄写你借给我的笔记，日语文学和英语，你猜猜我刚才抄的是哪个？”武田君想了想：“日语文学吧。”他不是瞎猜的，那他是怎么知道的呢？

答案

中村君右手小指的外侧有铅笔的污渍，只有竖着书写日语才会弄脏手指的这个部位。

<头脑打分·得点数>

观察力度★★★★　持久力度★★
直觉力度★★★★　思维跳跃力度★★
分析力度★★★　独创力度★★
推理力度★★★★

对于不熟悉日语的人来说，这道题答不出来情有可原。但见过日语书还答不出来的话，那你的观察力就有些迟钝了。或者很久不用铅笔了？

问题

有一个直径25厘米、高10厘米的圆形水槽，要用宽10厘米、长75厘米的瓦楞纸包起来，怎么才能做到？

答案

将瓦楞纸从中间厚的地方刨开，长度就够了。

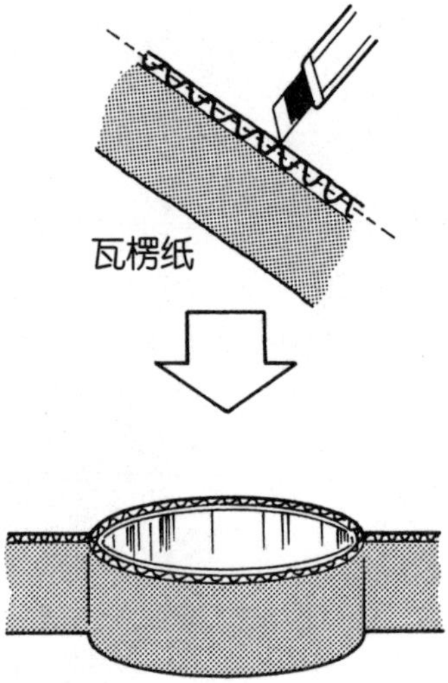

< 头脑打分・得点数 >

观察力度★★★★★　　持久力度★

直觉力度★★★★　　思维跳跃力度★★★

分析力度★★★　　独创力度★★

推理力度★★★

瓦楞纸和一般的纸张不同之处就是厚。为什么本题中不说是一般的纸，而特别提出是瓦楞纸？直觉力强的人应该马上就能想到。

问题

罗宾逊第一次来到一个旅游地，为了买到直升机单程的便宜票价，他和飞行员讨价还价。八折不行，九折也不行，飞行员一点儿折扣也不愿打。“如果你愿意打折，那么下次乘坐的话，我愿意支付两倍的票价。”罗宾逊这么说，飞行员立刻答应给他五折的优惠，罗宾逊心满意足地坐进了驾驶舱。飞机起飞了！请问飞行员为什么又同意了？

答案

因为罗宾逊要去的地方是个无人岛，周围是断崖绝壁，任何交通工具都没有，当然也不可能游回来，所以他必须坐直升机回来。

<头脑打分・得点数>

观察力度★★★★　　持久力度★★
直觉力度★★　　思维跳跃力度★★★
分析力度★★★★　　独创力度★★
推理力度★★★★

讨价还价的时候，因为没有注意到一些细节，交涉的结果反而不利于自己，这样的事情在现实生活中也不少见。罗宾逊因为事先没有获得充分的信息，才犯了错。

问题

如图所示，有两条并排的跑道。两个实力相当的田径选手，按单程跑道比赛谁跑得快，每个回合计来回两次比赛成绩。但是无论比多少回合，结果总是一胜一负。请问这可能吗？当然这两个人来路和去路都是跑的同一条跑道。

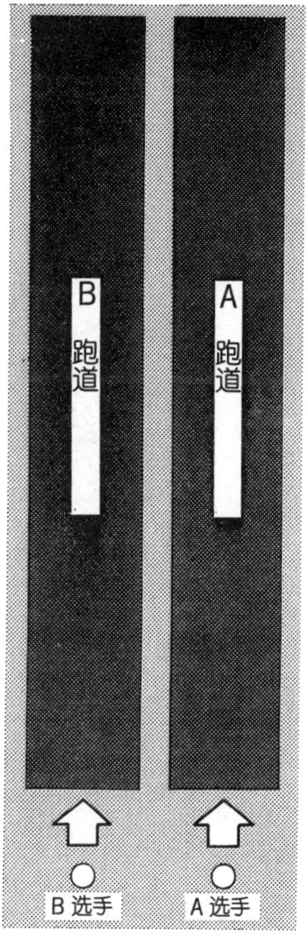

答案

可能。夸张一点儿的话，他们跑的是如图所示的跑道。

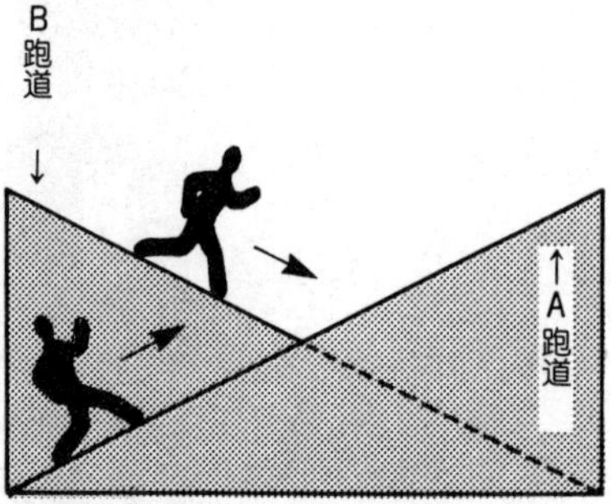

<头脑打分·得点数>

观察力度★★★★　持久力度★★

直觉力度★★★　思维跳跃力度★★★

分析力度★★★　独创力度★★

推理力度★★★★

本题和《梦与冒险幻想曲》的两辆车同速并行的题类似。但这次不是用“超过”这样的表达方式，而是变成了“一胜一负”，这是本题的精髓。考验你的“立体思考”是否成熟。

问题

位于沙漠中央的绿洲，有一个卖水的小贩。从这个绿洲走到任何一个村庄，一个人至少需要 1 升水。小贩拥有的 5 升水可谓相当贵重。为了得到尽可能多的钱，小贩想了一个办法，最初的 1 升水 10 美元，接下来的 1 升水 20 美元，依此类推，每减少 1 升水，下 1 升水的价格就翻一倍。如果他的办法顺利实施，他一共能卖多少钱？当然，还剩下多少升水，大家都能看得见。

答案

通常的回答会是150美元。因为他只能卖出4升水，剩下的一升水他要留给自己。但是，他只要稍稍狡猾一点，自己买下最初的1升水，这样他就能赚到300美元了。

<头脑打分・得点数>

观察力度★★★★　　持久力度★★★★
直觉力度★★　　思维跳跃力度★★
分析力度★★★　　独创力度★★
推理力度★★★★

看到数字题就束手无策的极端的“文科星”人们，将数字转化成图表或绘图的形式再思考，会是一件很有意思的事情哦。

问题

公元××××年，太阳发生了大爆炸。但是，那个瞬间本应该看到太阳的地球上的人们，却没有一个人注意到大爆炸的发生。究竟是为什么呢？

答案

因为光从太阳到达地球需要 8 分钟，因此太阳大爆炸的瞬间，地球上的人们是看不到的。

<头脑打分・得点数>

观察力度★★★★　　持久力度★★

直觉力度★★★　　思维跳跃力度★★★

分析力度★★★　　独创力度★★★

推理力度★★★

因为不出国是没有时差的，所以第一次去海外旅行的人们，把手表调成当地时间的时候，都会觉得很新鲜吧。时间是会根据你所在位置的不同而发生变化的。

问题

如图，直径2厘米的硬币，按箭头所指方向，沿着直径4厘米的圆的外周滚动一周。硬币自身滚动了几圈？

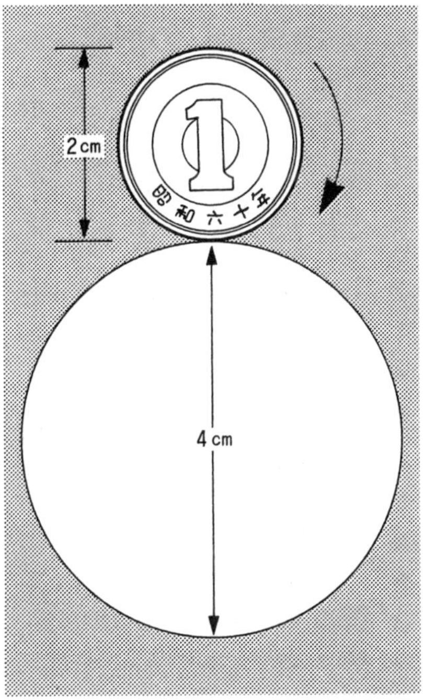

答案

三圈。以为直径是两倍，所以周长也是两倍，硬币就会转两圈，实际上转动的位置如图所示。

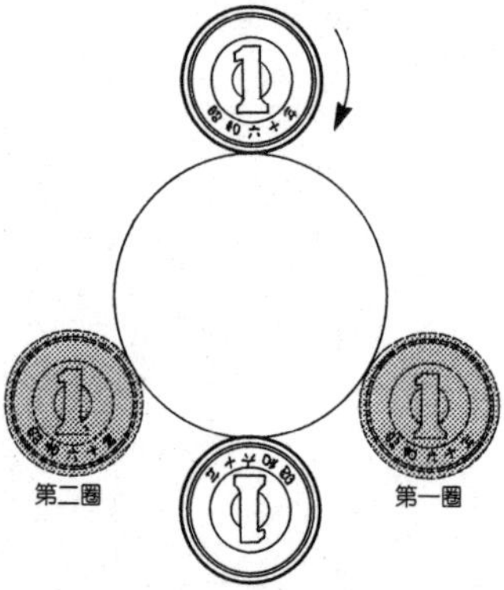

<头脑打分·得点数>

观察力度★★★★　　持久力度★★★
直觉力度★★　　思维跳跃力度★★
分析力度★★★　　独创力度★★★
推理力度★★

因为直径是两倍，所以周长也是两倍，那么转两圈就可以了吧，很多人都是这么想的。事实上怎么样，要用实验来验证一下，不要偷懒哦。

问题

这里是约翰先生的公寓里的一个房间。“这个房间里有一个骰子。房间有六个榻榻米大，没有窗，但是房间里光线不错，能看见东西。房间里除了骰子，其他什么都没有。你找到骰子后不要去动它，然后告诉我，你能看到的所有面的数字之和。”A 君听完约翰先生的话后，进入房间。过了一会儿，他走了出来。“一。”他答道。骰子究竟是怎么放置的呢？

答案

如图所示，一个巨大的骰子放置在房间里。

＜头脑打分·得点数＞

观察力度★★　　持久力度★★

直觉力度★★★　　思维跳跃力度★★★★★

分析力度★★★　　独创力度★★★★

推理力度★★

这是一道看你的思维能在多大程度上超越常识的题。去除“骰子就是这么大小的东西”的固有观念，让你的头脑保持柔软。

问题

有两个同样容量的红酒杯。往A杯里倒入红酒直到快要溢出来的程度。然后将A杯中的红酒倒入B杯，红酒溢出来了，这是怎么回事呢？

答案

如图所示的红酒杯，因为表面张力的关系，所以红酒的量有差别，就溢出来了。

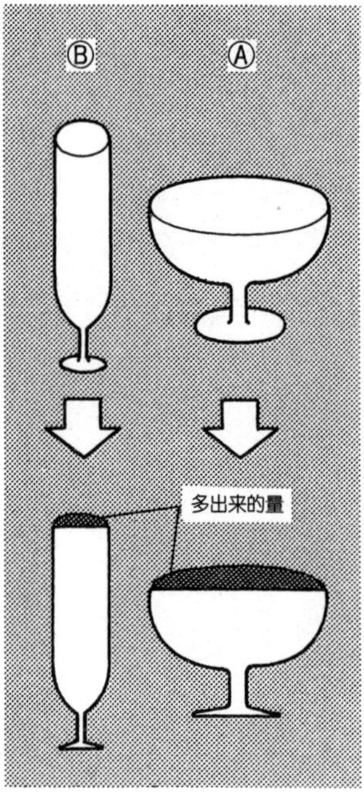

<头脑打分·得点数>

观察力度★★★★　　持久力度★★
直觉力度★★★★　　思维跳跃力度★★
分析力度★★★　　独创力度★★
推理力度★★★★

“快要溢出来的程度”这样的表达方式，暗示已经超出容量了。即使不知道“表面张力”这个词，也能够从日常生活中推断出来。

问❓题

亿万富翁K先生有四个儿子。有一天，他把四个儿子召集到一起，说："如果谁能让我看到太阳从西面升起，我就把我的全部财产给他。当然，不是从镜子里或是从电视里看到的，我要肉眼实际能看到的真的太阳。"几天后，其中一个儿子成功了。他是怎么做到的呢？

答案

坐着喷气式飞机向西飞行，总有一个时间，太阳会出现在飞机的正面，也就是太阳从西面探出了它的脸。

<头脑打分・得点数>

观察力度★★　　持久力度★★★

直觉力度★★　　思维跳跃力度★★★★

分析力度★★★　　独创力度★★★★

推理力度★★★

哥白尼的地动说彻底颠覆了人类的常识。他认为并不是太阳从东面升起，而是地球向东自转，才使太阳看起来是从东升起的。

问题

Z 国的塔玛拉先生，让 10 位女性用同样的食材、同样的工序、同样的时间制作了一种汤，然后装在同样形状、同样颜色、同样花纹的盘子里，分量也完全一致，端给塔格教授，让塔格教授从中选出一盘。塔玛拉先生笑着说："这是我妻子做的。"同样的事情，早、中、晚三次连续发生，如果不是偶然的话，请问这是怎么一回事？当然，制作汤的过程，除了这 10 位女性以外谁都看不到。

答案

制作汤的10位女性，全部都是塔玛拉先生的妻子。因为Z国认可一夫多妻。

<头脑打分・得点数>

观察力度★★★　　持久力度★★★
直觉力度★★　　思维跳跃力度★★★★
分析力度★★★　　独创力度★★
推理力度★★★★

地球上有很多民族，各个民族的文化、风俗习惯各不相同。仅用你所熟知的法律、常识来想象地球上所有的事情，也太简单化了。

珠穆朗玛峰的休息室

问题

这里有一些古典的谜语，来挑战一下吧。

1. 闭上眼睛能看到的东西是什么？

2. 用的时候不用，不用的时候用的，是什么？

3. 越冷越厚的是什么？

4. 越小越高的是什么？

5. 越拍越多的是什么？

6. 你越变越大，它却越变越小，是什么？

珠穆朗玛峰的休息室

答案

1. 梦
2. 浴缸的盖子
3. 冰
4. 正在飞行的飞机
5. 照片
6. 小孩子的衣服

答案不是唯一的哟。读者朋友们试着想想其他答案吧。

4. 印加帝国般的直觉力

顺利通过了三关 ，多少有些累了吧？

因此，在这一章节中，给大家准备了用直觉就能解答的问题。不要轻视它们哦。直觉力——不经过计算、思考、推理等思维活动而直接做出判断的能力，是你的努力不断积累的如实体现。

曾经在南美的安第斯山脉中盛极一时的安第斯文明，虽没有留下任何文字，但留下了精美的陶器、青铜器、织物、建筑物，即使作为现代人也惊叹不已。

我们这样的现代人，可能是因为过于重视思辨，而本能的纯粹的识别能力却在不知不觉中被忽略了。

总之，让我们暂时放下思辨，来挑战一下吧。

问题

使用圆规，能简单地画出鸡蛋的样子吗？

答案

可以。鸡蛋从箭头方向看去，形状是很接近圆的，所以直接画圆就可以。

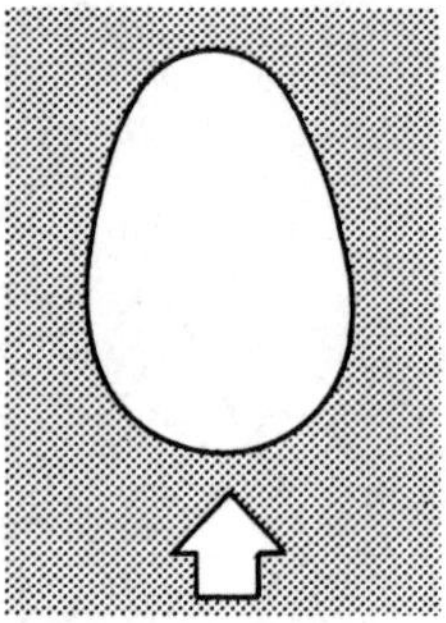

< 头脑打分・得点数 >

观察力度★★★　　持久力度★★

直觉力度★★★★　　思维跳跃力度★★★★

分析力度★★　　独创力度★★★★

推理力度★★

这一章节集中了一些十秒之内就应该能答出的题。这是第一题。“又是一个哥伦布的鸡蛋。”如果你头脑中的鸡蛋只是平面的，那么在这一章里多多锻炼吧。

问题

鸟山先生饲养了两种鱼。但是，他在买鱼食的时候，只买一种鱼的鱼食，这是为什么？

答案

因为一种鱼就是另一种鱼的鱼食。鸟山先生只要买作为鱼食的那种鱼的鱼食就可以了。

<头脑打分・得点数>

观察力度★★★★　　持久力度★★
直觉力度★★★★　　思维跳跃力度★★★
分析力度★★★　　独创力度★★
推理力度★★★

鱼或者其他动物，如果是其他动物的食物的话，繁殖能力就会比较强，因此数量会比较多。弱肉强食，是大自然的生存法则。

问题

为了让如右图所示的下方ABCD四个字母与上方ABCD四个字母相连，阿弥陀签[1]上已画了六条线。但是有一个人说，只要两条线就能办到。这是真的吗？

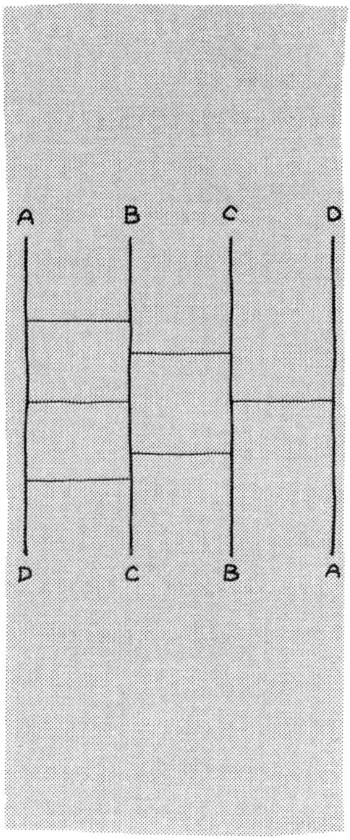

①阿弥陀签，日本常见的抽签游戏。在纸上画数条竖线，再画许多与之相交的横线，在竖线的一端标记需要决策的不同项目，从另一端任选一条线出发，沿竖线前进，遇到横线则拐弯，直到抵达终点。

答案

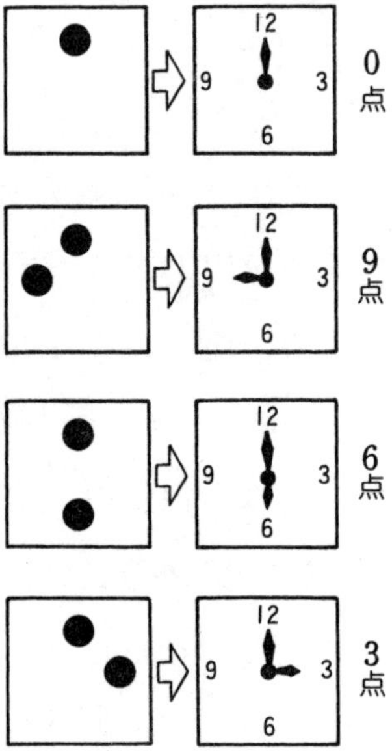

3。黑点的部分指示的是时钟的时针和分针的方向。

<头脑打分·得点数>

观察力度★★★★ 持久力度★★
直觉力度★★★★ 思维跳跃力度★★★
分析力度★★★ 独创力度★★
推理力度★★★

数字式钟表和指针式钟表喜欢用哪个？回答指针式钟表的人更多吧。将枯燥无味的数字图形化，会使印象更加深刻。

问题

数数的太郎把1说成4，把4说成1，把7说成2，把10说成5，这是怎么回事呢？

4 ⇦ 1

1 ⇦ 4

2 ⇦ 7

5 ⇦ 10

答案

因为他在用一只手数数的时候，数的是攥紧的手指。

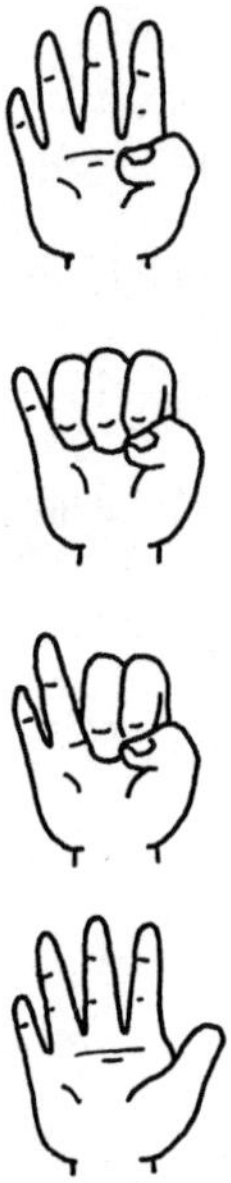

<头脑打分·得点数>

观察力度★★★★　　持久力度★★
直觉力度★★★★　　思维跳跃力度★★★
分析力度★★★★　　独创力度★★
推理力度★★

天才科学家中，有不少人发现了一个法则，然后用一生的时间去证明这个法则。直觉是在数攥紧的手指这种事，是科学思考的第一步。

问题

有两个容量为1升的瓶子，其中一个装满水，一个装满油。一个眼睛被蒙住的人，怎么才能在没有任何提示的情况下喝到水？除了瓶子，不允许使用其他道具，也无法得到气味、味道、重量等差别的暗示。

答案

随便选取哪一个瓶子，将里面的东西注入另一个瓶子即可。无论选取的瓶子里是水还是油，因为油的比重比水轻，所以油都会从瓶中溢出，剩下的就是水了。

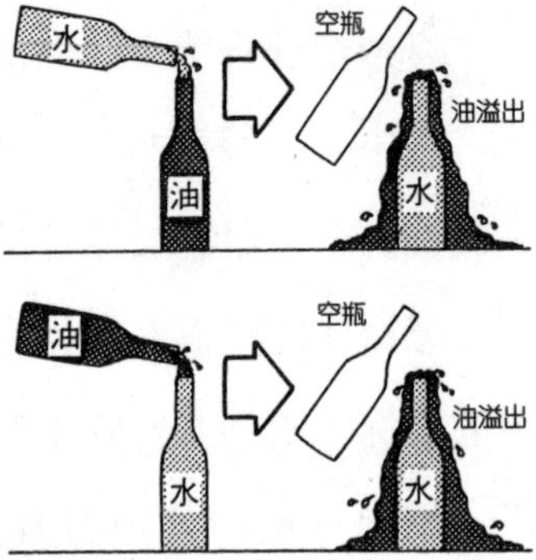

<头脑打分・得点数>

观察力度★★★★ 持久力度★★
直觉力度★★ 思维跳跃力度★★
分析力度★★★★ 独创力度★★
推理力度★★★★★

油比水轻是小学就学到的知识。但是，很多知识如果只停留在知道的层面上，是完全没有用的。知道很多的人，未必是好好思考的人。

问题

E君买了三种烟，价格分别是150日元、200日元、230日元，正好花了1500日元[①]。请问这三种烟，他各买了几包？

①烟的价格是1987年时的价格。

答案

150 日元的一包，200 日元的一包，230 日元的五包。注意到零头 30 日元的话，这题就很容易解开了。

150 日元 X1 = 150 日元
200 日元 X1 = 200 日元
230 日元 X5 = 1150 日元

合计 1500 日元

< 头脑打分・得点数 >

观察力度★★★	持久力度★★★★
直觉力度★★★	思维跳跃力度★★
分析力度★★★★	独创力度★
推理力度★★★★	

这样的计算问题，如果不讲究策略，只能是白费力气。找准题目的关键，才能事半功倍。

问题

装的东西越重，越往下沉，但是超过一定重量后，重量越重反而越往上了。这是我们身边就有的东西，想想是什么？

答案

磅秤的指针。

<头脑打分·得点数>

观察力度★★★★　　持久力度★★

直觉力度★★★★★　　思维跳跃力度★★

分析力度★★★★　　独创力度★★

推理力度★★

人最像人的时候是什么时候？答案众说纷纭，其中一个有力的回答是：充满了好奇心的时候。可是，随着年龄的增大，好奇心便有减少的趋势。

问题

有一张边长为 10 厘米的正方形纸。用 1 厘米粗的笔在这张纸上画正方形，怎么做才能使画出的正方形面积最大？

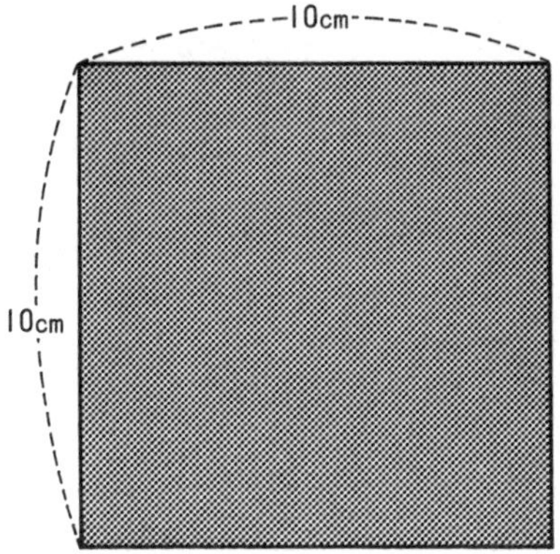

答案

如图所示，沿着纸的边缘画正方形。

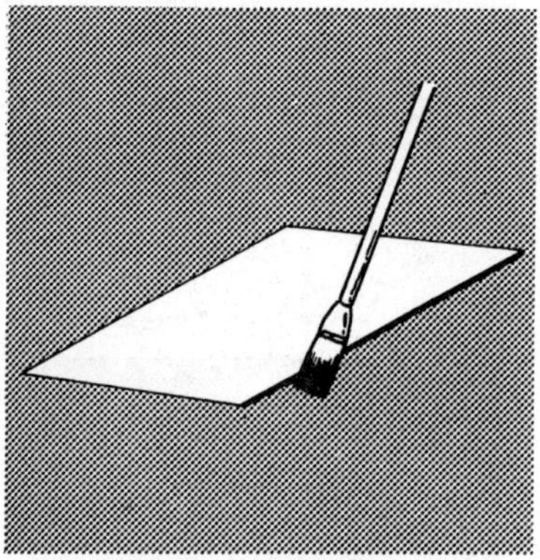

＜头脑打分・得点数＞

观察力度★★★　　持久力度★★
直觉力度★★★★　　思维跳跃力度★★★
分析力度★★　　独创力度★★★
推理力度★★★★

剪刀用得好的人，纸在动，而剪刀是不动的。本题如能联想到纸是可以动的，那答案也就呼之欲出了。纸，是“立体”的！

问题

这是一栋一层楼的房子。如果要把它变成二层楼，最少需要移动几根火柴？

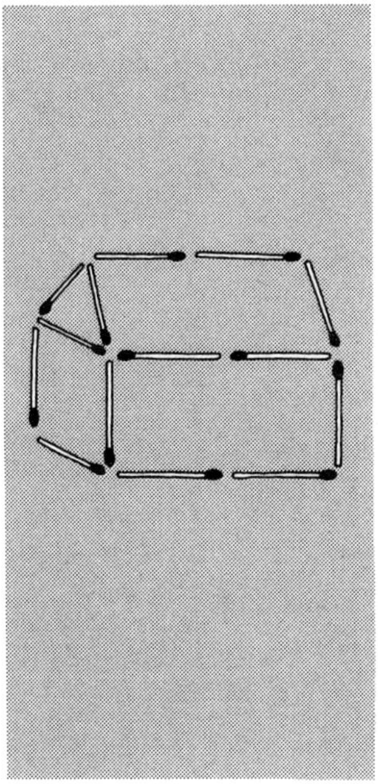

答案

0根。换个方向看去，就是一栋二层楼的建筑了。

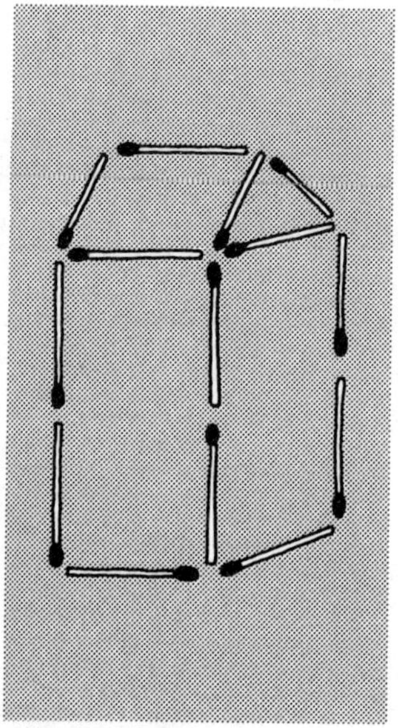

<头脑打分·得点数>

观察力度★★★★　　持久力度★★
直觉力度★★★　　思维跳跃力度★★★
分析力度★★　　独创力度★★★
推理力度★★★★

习惯于火柴棒智力题的人，也会被这题困住吧！思维受到限制时，换个方向、角度去看，也许就能找到解决问题的捷径！

问题

明智大五郎为了防止自己最重要的宝石被怪盗鲁庞四世窃取，开发了一套防盗系统，他对自己的杰作很满意："锁是三位数的密码，输错八次的话就会拉响警报，警卫员马上就能知道。并且，密码只使用 0 和 1 两种数字，我这种对数字不敏感的人也很容易记住。"他的这套系统有没有缺陷？

答案

缺陷很大。只使用0和1，也就是说他的这套密码系统采用的是二进制法，而且密码只有三位数，那么排列出来的数字只有000、001、010、011、100、101、110、111这八种组合方式。只需要把这八个数字一一输入，就能打开密码锁。另外，输入八个数字，最后一次才输入正确的概率也很小，所以警报形同虚设。

< 头脑打分·得点数 >

观察力度★★★　　持久力度★★★★

直觉力度★★　　思维跳跃力度★★

分析力度★★★★★　　独创力度★★

推理力度★★★

所以为了网络安全，我们的密码都会设置很复杂的数字、字母组合。

印加帝国的休息室

问题

虽然已经过了闭馆时间，可有一个女高中生还沉浸在书本中迟迟没有离开。来巡查的图书馆管理员看到她，说："加代怎么还在呀？"这是女高中生第一次来，管理员怎么就认识她呢？

问题

图书馆管理员是从她还留在门口的借阅证知道她的名字的。

5. 亚马孙雨林般的推理力

直觉力之后，我们来进行推理力的练习吧。

场所：亚马孙雨林。

某一天，你突然发现身处密林深处，该往右走还是往左走，完全不知道。你不得不调动所有的知识，来决定下一步的行动。这个时候，你该怎么办?

密林里没有地图，迷路的话，只能依靠自己的思考。树木、土地、飞鸟、兽类等，从映入眼帘的所有材料和条件中，寻找隐藏的法则。

被称为“地球的氧气储藏库”的亚马孙雨林，也是头脑氧气的供给源。现在，做个深呼吸，我们一起进去吧!

问？题

5 枚 10 日元的硬币，相邻的两枚必须相接，要达到最长的长度应该怎么排列？

答案

如图所示，将 10 日元的硬币立起来排列。

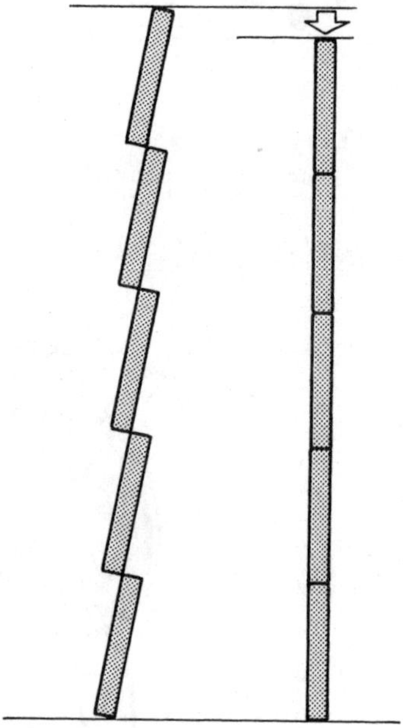

＜头脑打分・得点数＞

观察力度★★★　　持久力度★★

直觉力度★★★★　　思维跳跃力度★★★★

分析力度★★★　　独创力度★★★

推理力度★★

与用圆规画鸡蛋问题一样，人们对于常见的东西有固定的思维方式。想不出怎么把 10 日元的硬币立起来，也正是出于这个原因。

问题

克洛克博士受友人的委托，帮忙修理指针式时钟。修理结束的时候，正好花了12个小时，并且确认了时钟在正常走时。过了3个小时，克洛克博士再看时钟，发现指针只走了15分钟。时钟并没有停下，那么到底发生了什么？

答案

是克洛克博士的失误，在修理的时候，他把长针和短针装反了。

< 头脑打分·得点数 >

观察力度★★★★　　持久力度★★
直觉力度★★★　　思维跳跃力度★★
分析力度★★★★★　　独创力度★
推理力度★★★★

寻常事物在某部分脱离了正常轨道时，往往会变得很不可思议。本题便是一例。但是，如果能冷静地分析部分，便能明白整体，也能明白原因了。

问题

公元 ××××年，出现了一种奇特的现象，星球以太阳、水星、金星、地球、火星、木星、土星、天王星、海王星的顺序排成了一条直线。这个时候，从地球上看去，除了太阳以外，能看到的最大的星星是哪一颗？

答案

月亮。

<头脑打分·得点数>

观察力度★★★★　持久力度★★
直觉力度★★★★　思维跳跃力度★★
分析力度★★★　独创力度★★
推理力度★★★★

问题的前半部分，“排成了一条直线”是本题的干扰。如果没有这一句话，这是一道太容易的题了。解答不出的人，要锻炼一下脑筋的反应力了。

问题

小昌总是习惯于弟弟泡完澡以后再去泡澡。弟弟的体形稍小，因此小昌每次把身体全部没入浴缸的时候，总有两三杯的水溢出来。这里有一个洗脸盆，能不能使用洗脸盆，让小昌在把身体没入浴缸的时候不让水溢出来？

答案

能。如图使用洗脸盆，水就不会溢出来了。

＜头脑打分・得点数＞

观察力度★★★★
直觉力度★★
分析力度★★★
推理力度★★★★
持久力度★★★
思维跳跃力度★★
独创力度★★★

喜欢这套书的读者，应该会想到《梦与冒险幻想曲》相扑选手泡澡的问题吧。从浴缸里的水溢出来这样常见的现象，可以产生出很多有趣的主意呢。

问题

信之君把蛋糕放在桌上就出了屋子，回来的时候，有 ABCD 四个朋友来过。

A：“不是我。C 一个人来过，是他吃的。”

B：“D 没有吃。”

C：“A 和 D 两个人吃的。”

D：“B 说谎。”

信之君马上就判断出来，四个人中有三个人说了谎，为什么？

答案

因为谁都没吃，那块蛋糕还在那儿。

< 头脑打分・得点数 >

观察力度★★★★　　持久力度★★

直觉力度★★★★　　思维跳跃力度★★

分析力度★★★　　独创力度★★

推理力度★★★★

推理是从怀疑全部开始的。“‘那样的事情应该不可能’，陷入这样的大前提中，就会产生很多盲点。”喜欢推理小说的 A 君笑着说。

问？题

小丰乘坐的列车以80千米的时速，在平坦的草原上直行。他向窗外看去，只见窗户差不多正中的位置，有一架直升机。而且在挺长的一段时间内，都能从窗口的同一位置看到这架直升机，直升机直行时的时速是160千米。请问这样的情况可能吗？

答案

可能。直升机在列车的60度角度飞行。

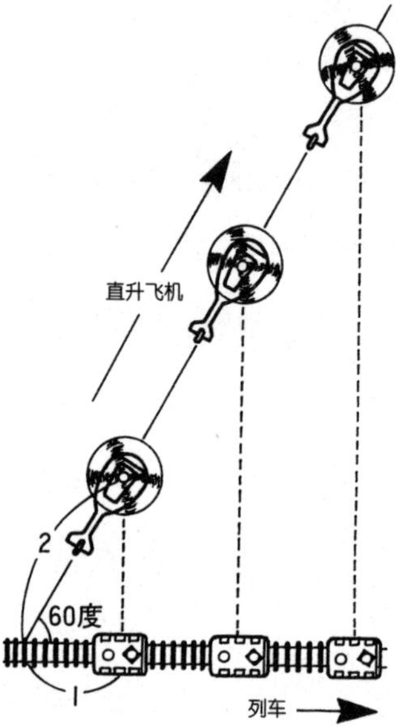

＜头脑打分・得点数＞

观察力度★★★★　　持久力度★★
直觉力度★★★　　思维跳跃力度★★
分析力度★★★　　独创力度★★
推理力度★★★★★

列车是直行，直升机也是直行，但是，方向的不同是本题的关键。极其简单的推理就能迅速地解出此题。

问题

P 君的父亲是位牧场主。一天，父亲给了他 10 头牛，说："如果你能在 4 个栅栏中分别圈进 10 头牛，我就把牧场交给你打理。"P 君并没有从其他地方牵来牛，第二天，4 个栅栏中就各自圈进了 10 头。请问他是怎么办到的？

答案

如图的示，4 个栅栏中都圈了 10 头牛。

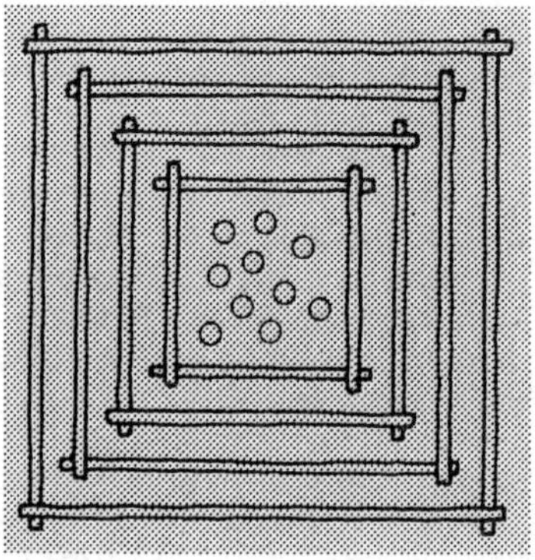

< 头脑打分・得点数 >

观察力度★★★★　　持久力度★★

直觉力度★★★★　　思维跳跃力度★★

分析力度★★★　　独创力度★★

推理力度★★★★

对于“了不起的头脑体操”的老读者来说，这道题可能过于简单了。并没有说四个栅栏中要圈入不同的 10 头牛。对于条件设置的不同表述，需要敏感的对应方式。

问题

有三个间谍接受了任务，他们要在从 A 到 G 的七个房间里各完成一项秘密工作。一个人进入一个房间，完成作业需要 3 分钟，完成七个房间的所有秘密工作最短需要几分钟？补充说明：一个房间里不能有两个以上的间谍同时进入。

答案

7分钟。因为有一个房间里的工作，可以由三个人分别完成。

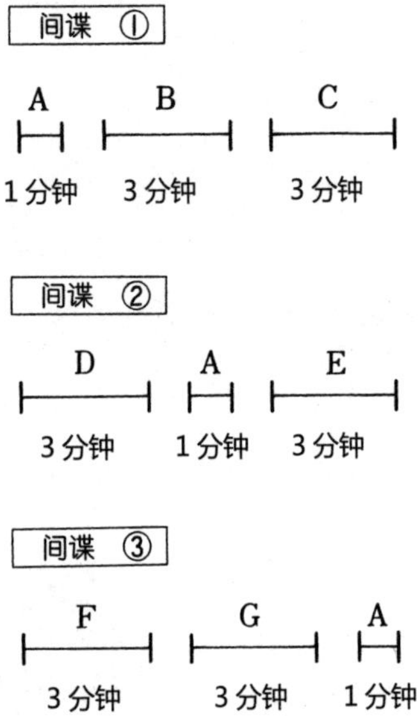

<头脑打分·得点数>

观察力度★★
持久力度★★★★★
直觉力度★★
思维跳跃力度★★
分析力度★★★
独创力度★★★
推理力度★★★★

如上图表所示，画图是解决问题的捷径。比起单纯在头脑中空想，不如将其转化成笔下的图像，很多问题就会更直观。

问题

某家印刷厂的一个角落里，堆放着大量被丢弃的明年的挂历。保安只瞥了一眼就说：“原来是印错了呀！”请问他是怎么知道的？如图所示的状态，保安既没有碰它们，也没有取出来确认过。

答案

因为挂历的印刷通常采用五行，会有两个日期出现在一格中的情况，但是29号与22号出现在同一格中是绝对不可能的。因此他判断这批挂历印错了。

星期日	星期一	星期二	星期三	星期四	星期五	星期六
						1
2	3	4	5	6	7	8
9	10	11	12	13	14	15
16	17	18	19	20	21	22
23/30	24/31	25	26	27	28	29

5行

<头脑打分·得点数>

观察力度★★★★　　持久力度★★★★

直觉力度★★★　　思维跳跃力度★★

分析力度★★　　独创力度★★

推理力度★★★★

其实，这是一道看着挂历就能想出来的题。日常生活中具有观察力的人，只看图也能马上明白吧。越是身边的事物越是容易忽视，这就是所谓的“灯下黑”吧。

问题

俊彦君、小茂君、小武君都是田径队的马拉松选手。三个人在同一条赛道上同时出发，要跑42.195 千米。现在小茂君和俊彦君相差 200 米，小茂君和小武君相差 800 米。但奇怪的是，小茂君和小武君竟然并排在跑。请问这是为什么？

答案

那个时候，三个人在四百米的跑道上跑步，小茂君和小武君恰好差两圈。

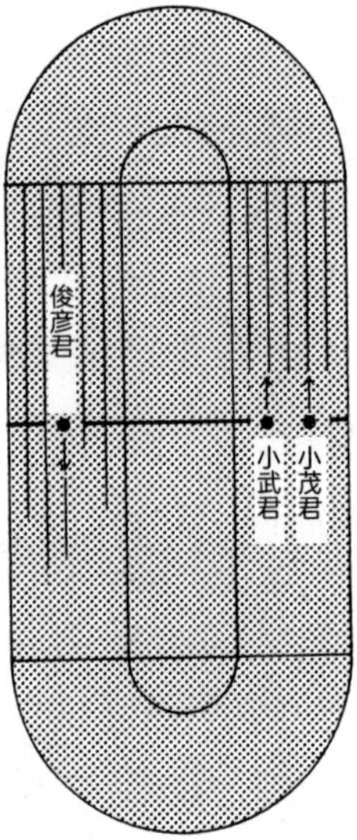

< 头脑打分・得点数 >

观察力度★★★★　　持久力度★
直觉力度★★★★★　　思维跳跃力度★★★★
分析力度★★　　独创力度★★★
推理力度★★

本题并没有说三个人是在正式的马拉松赛道上跑步。不被“马拉松”这个词干扰，才能自由联想吧。

问题

森田君要用小船把一个小猪的石像运到停泊在大海中央的大船上去。森田君的体重是70千克，小猪石像重100千克，而小船能承受的最大重量是150千克。并且，这片海域还有食人鲨游来游去。要想把小猪石像运到海中央的大船上，应该怎么办？

答案

用绳子拴住石像放进水里，人坐在小船里牵着绳子，拉着水里的石像前进。由于受到水的浮力作用，石像会变轻，小船就有可能把它运过去了。

<头脑打分·得点数>

- 观察力度★★★★
- 持久力度★★
- 直觉力度★★
- 思维跳跃力度★★
- 分析力度★★★★
- 独创力度★★★
- 推理力度★★★★

海里有食人鲨这一条件，说明森田君不可能游泳过去，那么剩下的答案就只有一个了。不可能有吃小猪石像的鲨鱼吧。

亚马孙雨林的休息室

问题

来试试看国外的谜题吧。

1、做的人什么都不说。收到的人什么都不知道。知道的人绝对不收。这是什么？（波兰）

2、给一个正在禁食的人十个面包。于是那个人吃了面包。请问正在禁食的人吃了几个？（瑞典）

亚马孙的休息室

答案

1、假币

2、一个。因为超过一个的话，就不再是“正在禁食的人”了。

6. 万里长城般的持久力

这一章节集中了需要持久力的一些问题。这么一说，可能很多人会想退缩了吧。

很多新的想法是通过感性得出的，只要找到窍门也能很快解决难题，这样的想法很普遍吧。但是，这种想法未必正确。有时，坚韧的毅力对于脑筋柔软力的训练也是有必要的。

位于中国北方的万里长城，和我们想象的城的规模完全不同。据说，万里长城的长度达到了 21000 千米。

万里长城不是一两天就能造起来的，需要持久力，以及超越时空的判断能力。不到最后一刻，请务必不要去看答案。

问题

藤冈君患有孤独恐惧症，但是今天他必须去坐头班电车。他希望车厢里最好能有人。有一列五节编组的列车驶入站台，他最好乘坐第几节车厢？

答案

只要不是无人驾驶的列车，在第一节车厢的前面就会有驾驶员，所以乘坐第一节车厢就不会遇到没有一个人的糟糕局面了。

<头脑打分·得点数>

观察力度★★★　　持久力度★★

直觉力度★★★★　　思维跳跃力度★★

分析力度★★★★　　独创力度★★

推理力度★★★★

要从题目给出的条件中，推理出电车的哪节车厢人最多，是不太可能的。于是，从所有的电车应该都有的普遍信息来推理，答案自然就浮出水面了。

问？题

小聪君有500日元的硬币2枚、100日元的硬币2枚、50日元的硬币2枚、10日元的硬币2枚，共计8枚。他带着这些硬币去某家商店买了一个620日元的商品，回来的时候，手里还是8枚硬币。他是怎么支付的呢？请给出两个不同的答案。

* 日元硬币面值有1日元、5日元、10日元、50日元、100日元和500日元。

答案

有以下两种答案。

A 支付了 (500) (100) (50)

找回了 (10) (10) (10)

B 支付了 (500) (500) (10) (10)

找回了 (100) (100) (100) (100)

< 头脑打分・得点数 >

观察力度★★★★　　持久力度★★★★★

直觉力度★★　　思维跳跃力度★★

分析力度★★　　独创力度★★

推理力度★★★★

有没有耐心思考到最后？有的人为了不要找回来太多硬币，会想办法在付钱的时候多付出去一些硬币。有这样支付习惯的人，解答这道题不在话下。

问题

哲也君的朋友开着一辆新买的进口汽车来向他炫耀。哲也君有点儿恼火：“把车停在那儿，下车！不要用汽油，连手指都不准碰它，你能让车移动一百米以上，我就服你！”那样的事情可能吗？

答案

可能。在禁止停车的区域，如果有车停在那儿，就会被拖车拖走。

<头脑打分·得点数>

观察力度★★★★　　持久力度★★★
直觉力度★★　　思维跳跃力度★★
分析力度★★★★　　独创力度★★
推理力度★★★★

这道题的创意来自我一个朋友的真事。正所谓“故事来源于生活”，我们身边的好多事情可能比智力题更有意思、更费脑筋呢。

问题

丰田君正在制作一根棒状的糖，完成后，要在正好左右两边平衡的位置将糖一切为二，并将其中的一份送给朋友田中君。对丰田君有利的糖的形状是怎么样的？

答案

如图所示，自己这一侧又粗又短，给田中君的那一侧又细又长。即使两侧有体积上的差别，但还是平衡的。

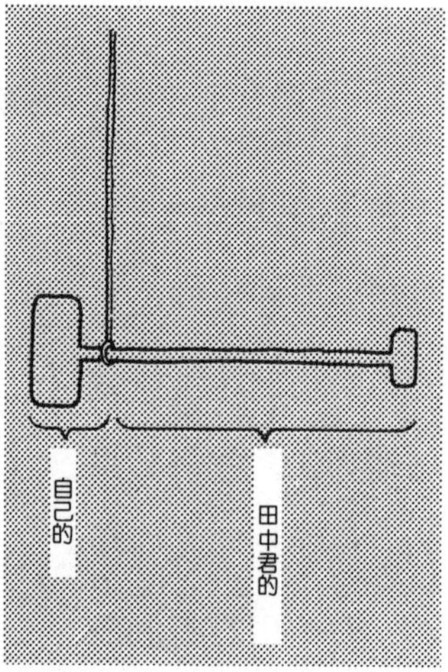

< 头脑打分·得点数 >

观察力度★★★★★　　持久力度★★★

直觉力度★★　　思维跳跃力度★★

分析力度★★★　　独创力度★★

推理力度★★★★

用杠杆原理来思考这道题，应该会比较容易想通吧。为了撬起重物，让支点离重物越近，使用的力气越小。

问题

在旅行社工作的A君，有一天接到了一项带领一个团去巴黎的任务。A君除了印地语，不会其他的外语，但他出色地完成了任务，没有语言障碍。请问这是为什么？

答案

因为A君和客人都是法国人。那个旅行团是从法国的其他地方来巴黎旅行的。对A君来说，法语不是外语。

<头脑打分·得点数>

观察力度★★★　　持久力度★★
直觉力度★★★　　思维跳跃力度★★★
分析力度★★★★　　独创力度★★
推理力度★★★★

能很快答出这个问题的人，是具有相当的国际感觉的人。日本人的弱点是很难将视点放置于日本以外的地方。但是，即使不去海外旅行，头脑柔软的人也可称得上是“国际人”。

问题

某一天，发生了一起坠机事故。A 报纸的报道说：“机组成员全部遇难，只有一名乘客幸存。”B 报纸则报道：“悲惨！只有一名飞行员幸存。”C 君觉得不可思议，于是去双方的报社询问，结果两家报社都没有误报。请问这是怎么回事？

答案

幸存者是一名乘客，他的职业是飞行员。

< 头脑打分·得点数 >

观察力度★★★　　持久力度★★
直觉力度★★★　　思维跳跃力度★★★
分析力度★★★★　　独创力度★★
推理力度★★★★

把 A 报纸的报道和 B 报纸的报道合起来看，答案就一目了然。同样的信息，观察的视点不同，自然得出不同的结论。

问题

有人给佐藤家送来了一盒巧克力，如图所示。佐藤家有兄弟四人，母亲拿来刀想切开，兄弟们说：“不用刀，也能平均分成四份。”请问他们是怎么做到的?

答案

如图所示，角上白色的部分才是巧克力，是用白巧克力做的。

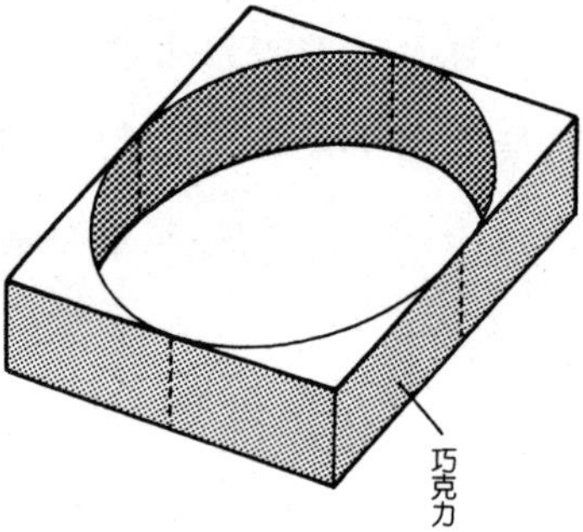

<头脑打分・得点数>

观察力度★★★　　持久力度★★★

直觉力度★★★★　　思维跳跃力度★★★★

分析力度★★★　　独创力度★★

推理力度★★

看到一样东西的时候，以什么作为基准很重要。基准不同，"正"会变成"负"，"负"会变成"正"。抛开常识的束缚，这个问题应该很容易解答。

问题

贝多潘是一个有听力障碍的人。他的房间装了一部电话。但是，因为他听不到电话铃声，所以电话铃响的时候，会有一盏提示灯亮起。这样有什么事情的时候，他就可以使用电话和朋友联络了，很方便。以上这段话中，有什么不对劲的地方吗？

答案

没有。他也许不能用电话和朋友通话，但是朋友之间如果约定好某个时间打电话代表某个特定的意思，也是可以利用电话来联络的。

<头脑打分·得点数>

观察力度★★★　　持久力度★★★
直觉力度★★★　　思维跳跃力度★★
分析力度★★★★　　独创力度★★
推理力度★★★★

文中特地写道“有什么事情的时候”，是这题的关键。和前面的便笺纸的谜题一样，事先约定好的话，两个人之间可以有各种沟通方式。

问题

足球一般是黑色的正五边形与白色的正六边形组合，如下图。黑色的正五边形为12个，白色的正六边形为几个？

答案

20个。思考边的数目就能明白。五边形是绝对不可能和五边形相邻的，而所有的六边形的6条边中，有3条边需要与五边形重合。所以首先算出五边形的边的总数为5×12=60，因为六边形与五边形有三条边是重合的，所以除以3，得出六边形一共有20个。

<头脑打分·得点数>

观察力度★★★★　持久力度★★★★★
直觉力度★★　思维跳跃力度★
分析力度★★★★　独创力度★★
推理力度★★★

只要思考的方向正确，之后的计算就很简单了。看图就能明白，五边形和六边形的排列方式是有规律可循的，能不能找到“法则”，是能否解开这道题的钥匙。

问？题

有一个潜入地球的外星人，在他发给母星的报告中，有这样一段话：

“那个东西，地球人什么也不做的时候，它也没有反应。地球人把嘴巴凑到它的屁股上，它就会嚷嚷，周围的人就会变得格外兴奋。”外星人究竟看见了什么？

答案

吹某种乐器。

<头脑打分・得点数>

观察力度★★★	持久力度★★★★
直觉力度★★★	思维跳跃力度★★
分析力度★★★★	独创力度★★
推理力度★★★	

我们司空见惯的事，从外星人的视角来看就会感到很新鲜。作为“了不起的头脑体操”的训练题，让我们从外星人的视角重新审视身边的事物吧。

问题

这是 1 到 9 的数字排列的魔方阵，横、竖、斜三条线上的数字相加均为 15。在一分钟之内，再想出另外七种不同的排列方式。

2	9	4
7	5	3
6	1	8

答案

每 90 度旋转一次，再镜向翻转，就是两组答案。是不是很简单?

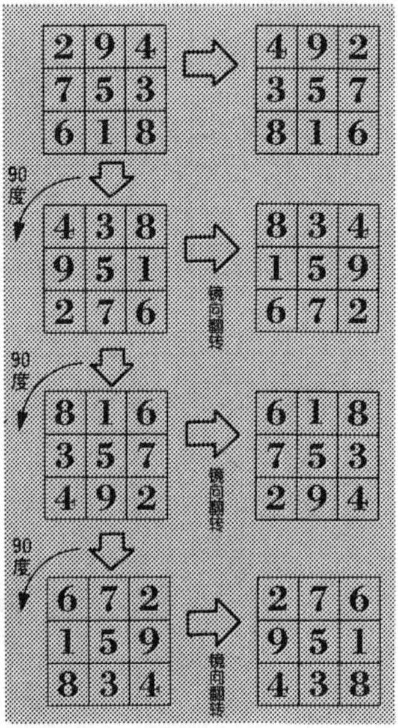

<头脑打分·得点数>

观察力度★★★★	持久力度★★★★
直觉力度★★	思维跳跃力度★★
分析力度★★★	独创力度★★
推理力度★★★★	

2、9、4，7、5、3，6、1、8，这三组数字的和分别都是 15，这是横、竖、斜三条线上数字合计为同一数字的魔方阵的记忆术。

万里长城的休息室

问题

总是被叫作小个子而心存不满的C君，自从工作后，他的这个烦恼就成了他的优势。请问他的职业是什么？

万里长城的休息室

答案

水管工。

7. 仙女座般的独创力

终于，来到了地球大冒险的最后环节。为了提升你的独创力，这里集中了大量富于变化的问题，开动你所有的脑细胞吧!

仙女座星云，存在于距离地球大约230万光年的彼处。在如此宏大的宇宙中，我们人世间的每一个生命都太渺小且微不足道。

对宇宙来说，我们的大脑连“点”都谈不上，但是我们每一个人的大脑中却存在着另一个宇宙。从某种意义上来说，大脑是一种比宇宙更大的存在呢。

突破时间和空间的局限，自由地使用头脑，不要吝啬自己的脑力。你的可能性是无限的。

问题

标牌上显示，B 地点在现在位置的西面，C 地点在现在位置的东面，但实际上，B 地点在现在位置的南面，C 地点在现在位置的北面。这是怎么回事？

答案

如图所示，如果出现在车站或道路的指南上，当然是可能的。

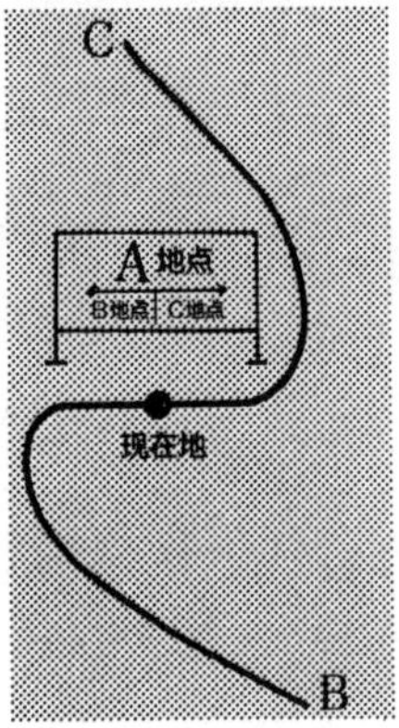

<头脑打分·得点数>

观察力度★★★★　　持久力度★★

直觉力度★★★　　思维跳跃力度★★

分析力度★★★　　独创力度★★★

推理力度★★★★

头脑灵活的人看见文字或图形，就能快速在头脑中描绘出属于自己的图（也就是找到思考的方向）。花费几秒钟来解答这个问题，你就能知道自己的头脑转速是快还是慢。

问题

O氏自称将棋高手，与N氏下将棋。对局中，O氏说：“像我这样的高手，三十手左右就能赢你。”N氏大笑起来。这是为什么？

答案

因为之后再下几手，O 氏的棋就被将死了。从 O 氏的这番话就可以看出，O 氏的真正实力到底如何。

<头脑打分·得点数>

观察力度★★	持久力度★★
直觉力度★★★★	思维跳跃力度★★
分析力度★★★★	独创力度★★
推理力度★★★★★	

三十手先是从 O 氏开始还是从对手开始，与这道题完全没有关系。因他自称高手而被笑话，从这篇短文中是可以推理出来的吧。

问题

一艘客船将在20分钟后沉没，客船上还有15个人。一艘小船每次只能载5人，要把客船上的人送到附近的无人岛上避难。从客船到无人岛来回一次需要9分钟。附近的海域里有食人鲨，所以不可能游过去。那么，这艘小船能帮助几个人脱离险境？

答案

13人。因为必须有1个人划着船回到客船。

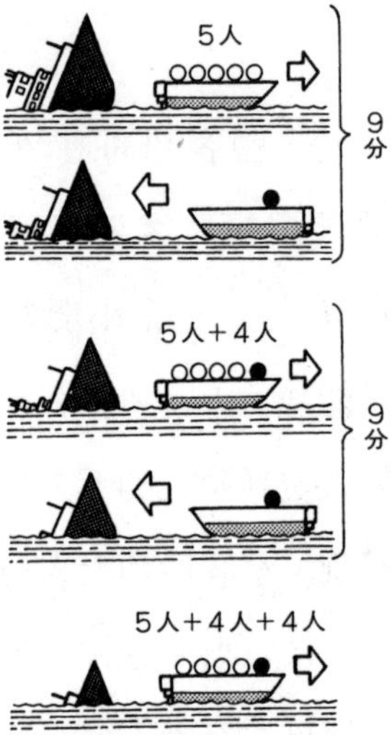

＜头脑打分·得点数＞

观察力度★★

直觉力度★★

分析力度★★★

推理力度★★★★

持久力度★★★★★

思维跳跃力度★★

独创力度★★★

习惯了“了不起的头脑体操”的人，应该马上就能注意到这道题的陷阱在哪里。但是，不要仅仅凭借感觉就回答。踏踏实实地计算到最后才能取胜。

问题

田中君的班级有40个人。今天，田中君有很重要的东西忘了带，他决定趁课间休息的10分钟回家去取。他从学校到家，单程最快也要7分钟。但是田中君说："下节课上课之前，我一定会回到教室里的。"他那么自信的原因是什么？

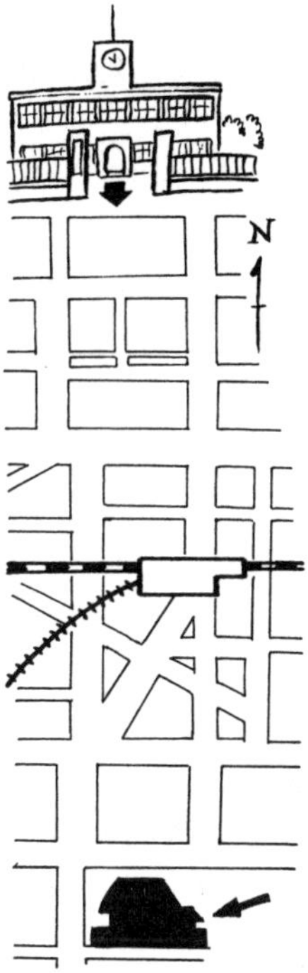

答案

田中君是那个班的老师。

<头脑打分・得点数>

观察力度★★★★　　持久力度★★

直觉力度★★★　　思维跳跃力度★★★

分析力度★★★★　　独创力度★

推理力度★★★★

“上课之前”和“上课时间之前”的意思稍有不同，如果你敏感的话，应该能察觉到吧。

问题

有一个画圈叉的游戏。在九个格子里，两个人交替画○和 ×，首先完成连线者胜。这是丸山君和拔川君两人的对战图，丸山君画○，拔川君画×。看上去像是三局都没有完成的战图，但是作为一局战局的图来说，丸山君胜。请问这是怎么回事？

答案

两个人在做立体的圈叉游戏。

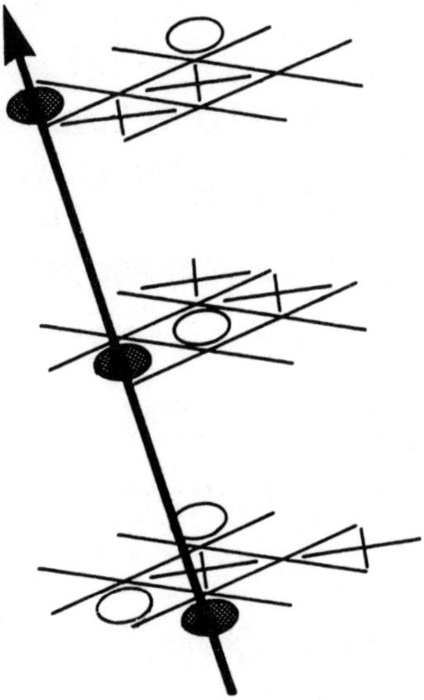

<头脑打分·得点数>

观察力度★★★ 持久力度★★★

直觉力度★★ 思维跳跃力度★★★★

分析力度★★★★ 独创力度★★★

推理力度★★

通过自己的感知、思考，才能开始领会现实这个三次元的世界。

问题

某县的警察收到了一封来自连续爆破犯的信。“下一次爆炸，会发生在明天零时到正午之间，电子时钟上所有数字相同的时间。”优秀的该县警察在1点11分11秒、2点22分22秒、3点33分33秒、4点44分44秒、5点55分55秒这些时间点发现了炸弹，并成功拆除。6点66分，电子时间上会显示7点06分，也就是说，之后应该不会再有全部数字相同的时间了，警察们松了口气。但是那一天，爆炸还是发生了。难道是连续爆破犯没有按照他预告的时间犯案吗?

答案

并不是。因为警察们没有注意到11点11分11秒。

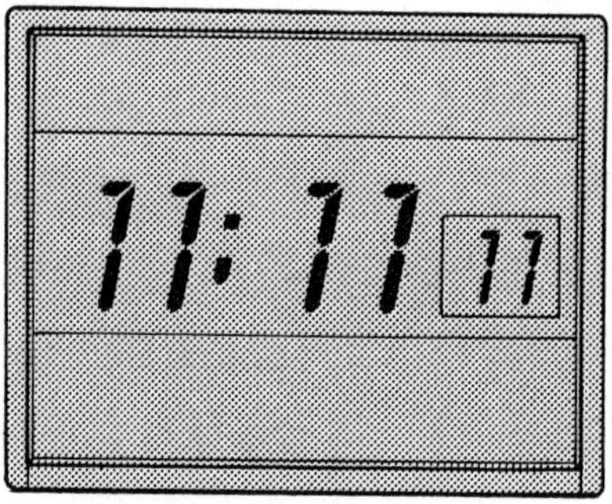

< 头脑打分·得点数 >

观察力度★★★★　　持久力度★★★★
直觉力度★★　　思维跳跃力度★★
分析力度★★★　　独创力度★★
推理力度★★★★

如果在想那个电子时钟有什么特别的装置，那就想多了。应该能够注意到电子时钟的时间显示的特点吧。

问题

小博君非常讨厌走楼梯。如图所示的车站，他所站的位置是下行站台，但是他要乘上行的列车。固执的小博君说他可以不走楼梯，也不横穿轨道，就能乘坐上行的列车。请问他打算怎么做？

答案

乘坐下行列车，到终点站再折返。

< 头脑打分・得点数 >

观察力度★★★	持久力度★★
直觉力度★★	思维跳跃力度★★★★
分析力度★★★	独创力度★★★
推理力度★★★★	

大家有没有在电车上睡得死死的，醒来的时候发现乘坐的电车已经开在反方向上的经历呀?

问题

中村君和佐佐木君，在学校的化学实验室里有如下的对话。

“用天平称重量的时候，如果有1克、2克、4克、8克、16克、32克这六种砝码，就能称出从1克到63克的重量。”中村君说。

佐佐木君说：“如果我有五种砝码的话，就能称到更重的重量。”佐佐木君说的砝码是哪几种组合？

答案

1 克、3 克、9 克、27 克、81 克这五种。用这五种砝码能称到 121 克的重量。

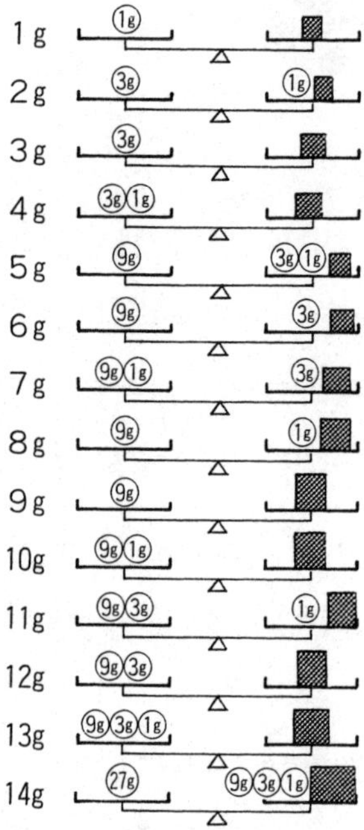

＜头脑打分・得点数＞

观察力度★★★　　持久力度★★★★★

直觉力度★　　思维跳跃力度★★★

分析力度★★★　　独创力度★★★★

推理力度★★

所有的称量方法，在这里无法一一列出。1 克 +3 克 +9 克 =13 克，可作为一个重量周期，是这题的关键。请大家一定耐心试一下。

问题

暑假，B 君请 A 君到他的别墅庄园去玩。B 说："我的别墅里可以打网球、羽毛球、乒乓球、高尔夫。装备都有两人份的，你只要准备自己的衣服就可以啦。"但是 A 说："如果要做那几项运动的话，我还是要自己带装备的。"请问这是为什么？

答案

A君是右撇子而B君是左撇子（或者相反）。所以B君准备的高尔夫球棒是左撇子用的。

< 头脑打分・得点数 >

观察力度★★★★　　持久力度★★

直觉力度★★★　　思维跳跃力度★★

分析力度★★★　　独创力度★★★

推理力度★★★★

因为大部分人是右撇子，所以左撇子的人要寻找到合适的装备（不只是运动装备）挺难的。这道问题是检验日常生活中的观察力。

问题

如图排列着同样大小、同样高低的黑白两色的木桩。用一根尽可能短的绳子把木桩 A 和木桩 B 连接起来。绳子不能碰到黑木桩，但必须碰到全部白木桩。绳子应该怎么系呢？并且，绳子需要处在紧绷的状态。

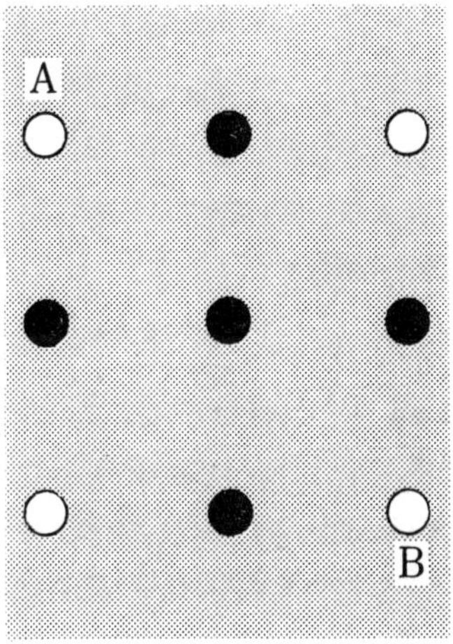

答案

如图所示，绳子在木桩上多绕几圈，使木桩变粗，就能满足条件了。

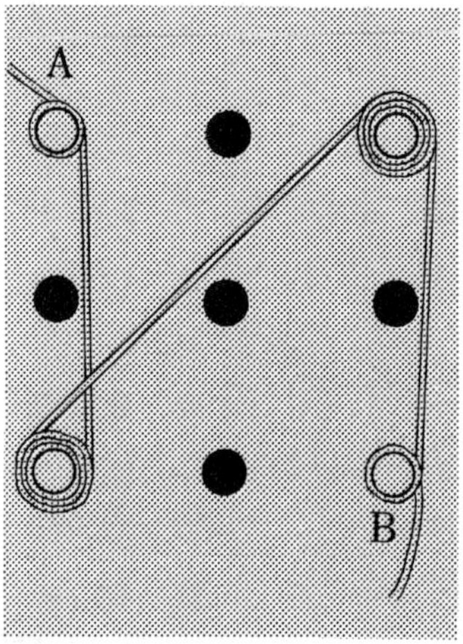

<头脑打分·得点数>

观察力度★★

直觉力度★★

分析力度★★★

推理力度★★

持久力度★★★★

思维跳跃力度★★★

独创力度★★★★★

即使是很薄的纸，叠起来也会变厚。哪怕是几乎看不见的线，多缠几圈也会变粗。应用类似的小方法来解决问题的情况，在现实中也会经常遇到吧。

问题

昌君对星星抱有极大的兴趣，可是父亲以他还是小学生为由，拒绝给他买天体望远镜。父亲对噘着嘴、满脸不高兴的昌君说：“有用肉眼也能看清表面的星星呢。”可是，昌君不知道那样的星星在哪里。你能告诉他吗？当然，并不是父亲的视力比昌君好的缘故。

答案

地球。

< 头脑打分・得点数 >

观察力度★★　　持久力度★★

直觉力度★★★★　　思维跳跃力度★★★

分析力度★★★　　独创力度★★★

推理力度★★★★

站在宇宙的立场上思考，地球同火星、土星等一样，也是星星。学校、公司、家庭等，偶尔也可以换个角度来想想是什么样子的。这是为了给脑筋输送新鲜的空气。

后　记

头脑的处方笺

本集每一题的答案下面，都特别设置了“头脑打分·得点数”这个部分。随着本书问题的推进，多少也能让你了解一些你的头脑优势劣势了吧。

“原来如此。我的推理力度好低啊……”“我的观察力度超群呢”之类，想必有各种各样的感想吧。

因此，在本书的最后，我想告诉大家关于各个项目的强化方法，希望对今后的“了不起的头脑体操”训练有用。

＜**观察力度**＞这是检验你平时能不能对身边发生的事情深入细致观察的项目。观察力度弱的人，在平时的生活中，要有意识地培养如同小孩子般的“好奇心”，多问问“是什么”“为什么”。

观察力度强的人，是“闻一以知十”类型的人吧。

但是，这类人需要注意的是，不要因观察力的敏锐而自以为是。

＜**直觉力度**＞被称为天才的人大多是具有敏锐直觉力的人吧。当然，虽说是直觉力，但也并不是不需要任何训练就能突然掌握的。苹果从树上落下来砸到牛顿的头上，然后他提出了万有引力，这是他平时努力思考的结果。

直觉力度弱的人，即是难有灵感闪念的人，对于平时看到的、听到的事情感到疑惑时，不要马上放弃，应该多做些思考。这么做，有助于加强自己的直觉力。

直觉力度强的人，不要仅仅依赖灵感闪念，也需要多做一些产生直觉力的训练。

＜**分析力度**＞与前两者相比，分析力需要更高的脑力。将看见的、听见的、感觉到的东西，放在特定的环境中加以分析判断，这是一种能看透事物本质的能力。

分析力度弱的人，遇到问题首先应当冷静下来。仅靠直觉就得出结论，乍看是很厉害，但是对于直觉得出的结论，还能通过分析来验证，这才是真正属于自己的结论。

分析力度强的人，相反地，可以大胆地稍稍提升一下思考速度。别害怕，积极地加快思考吧。

<**推理力度**>乍一看毫无关系的两件事，能否发现其中的关联，这是一种建立属于自己的假说，从而发现事物本质的能力。

推理力度弱的人，应当多做一些在头脑中描绘出具体景象的练习。看上去很难的事情，因有了具体的图像，其本质就会自然而然地浮现出来。

推理力度强的人，当自己的假设被推翻时该如何应对，是将来需要面对的课题。

<**持久力度**>会不会中途放弃，毅力如何，都是判断持久力高低的标准。

持久力度弱的人，应该好好看一下序言中提到的中

国巨石的故事。不要太在意时间的流逝，在想出好主意之前，不要轻言放弃。

持久力度强的人，接下来的课题是如何将时间分段，使时间得到更有效的利用。这样有助于增强精神集中力，提升综合思考的能力。

＜**思维跳跃力度**＞这种能力的关键在于能不能跳出常识的桎梏，有没有新奇的、与众不同的想法。

思维跳跃力度弱的人，头脑处于相当僵硬的状态。偶尔可以尝试不要用常识去思考事情。也就是说，试着把自己的常识抛在一边，离开那些条条框框的束缚。

思维跳跃力度强的人，不要仅仅满足于想出各种各样的主意，而应该多花点心思在考验那些主意的实效性上。

＜**独创力度**＞这是一种能否自己感觉、思考、想出主意的能力。

独创力度弱的人面对难题时，首先应当想出尽量多的可能答案。一开始，想法可能很普通，但是随着数量的增加，自然就会产生具有独创性的想法了。

独创力度强的人，应尽可能多地出主意，不断提升这方面的能力，从中寻找到乐趣。